子どもの未来を育む自立支援

編著 井出 智博
　　 片山 由季

生い立ちに困難を抱える子どもを支える
キャリア・カウンセリング・プロジェクト

岩崎学術出版社

● はじめに

　この本を今，手にとってご覧になっているのは，おそらく「自立支援」，「将来展望」，「生い立ちに困難を抱える子ども」といったキー・ワードに目を引かれ，どんな内容が書かれているか興味を持ってくださった方なのではないかと思います。

　本書は，「子どもの自立」を支える方に向けたものです。

　ただし，その「自立」とは，技術的なものではなく，精神的な前向きの「心構え」を指します。

　子どもの自立を支えるためには，外的な必要性から行われるスキル的なものの伝達であったり，子どもの特性と仕事をマッチングさせる職業適性検査といった，就労支援的な内容ももちろん重要です。しかし，それだけでは十分ではありません。

　技術を身に付ける前段に，そもそも，おとなになりたい，将来について考えたいという精神的なレディネスが形成されていなければ，どのようなスキル支援も身に付きません。

　このような子どもたちにとってまず必要なのは，これらのレディネスを形成し，将来に対する肯定的な展望を持つことだと考えています。

　経済的な問題から選択の幅が狭まってしまうということもありますが，それよりもむしろ，子ども自身の気持ちが未来に向かっていないということが，より大きな障壁として立ちふさがっている——そう実感されることが，ままあるのではないでしょうか。

　そういった独特の難しさを抱える子どもたちが，どうすれば「将来のことを考えねばならない」から「将来について考えてみたい」に気持ちをシフトし，主体的に自分の自立のことを考えられるようになるのか，子どもの内面に働きかけ，おとなと子どもが一緒にそういう気持ちを育んでいけるような取り組みが必要なのではないか，という切実な思いから，この本が生まれました。

　本書では，このような将来展望を育む方法として，キャリア・カウンセリング・プロジェクト（CCP）をご紹介します。

　キャリア・カウンセリング・プロジェクト（CCP）とは，児童養護施設や里親家庭で生活している社会的養護の子どもたちと5年にわたって取り組んできた，子ども主体の自立支援のための実践です。

　第Ⅰ部は，私たちがキャリア・カウンセリング・プロジェクト（CCP）を生み出すに至った理論的な背景について書かれています。第Ⅱ部は，実際にキャリア・カウンセリング・プロジェクト（CCP）を行うための手順やワーク，また主に児童養護施設内ではどのような効果や意義があったかを記しています。そして第Ⅲ部は少し趣を変えて，社会的養護の子どもたちにとって重要な意味を持つ「生い立ちの整理（ライフストーリーワーク（LSW））」とキャリア・カウンセリング・プロジェクト（CCP）の関連について，若干の考察を試みていま

す。

　編著者の意図としては，第Ⅰ部から順番にお読み頂くことを想定しています。ベースとなる理論やCCPの構成概念を十分に理解したうえで，第Ⅱ部の実践的なパートを読んで頂く方が，それぞれのワークの狙いや配慮すべき事項について「なるほど」と納得しやすいのではないかと思います。そして最後の第Ⅲ部でLSWとCCPのつながりについて読む方が，流れとしてわかりやすい構成になっています。

　しかし現場で日々，忙しく働く方々にとっては，「とにかく実践方法を知りたい！」という気持ちが強いかもしれません。その場合は，とりあえず第Ⅱ部からお読み頂くことをおすすめします。第Ⅱ部は，ある児童養護施設においてどのようにCCPに取り組んでいったかというプロセスが，きわめて具体的に記してあります。こちらを先に読むことで，CCPのイメージが頭の中に生き生きと描けるようになれば，ご自身のフィールドでどんなアレンジをすれば実践できるか，ということも考えやすいのではないでしょうか。そしてそのうえでぜひ，第Ⅰ部に立ち戻って，理論的な背景にも目を通して頂ければと考えています。

　あるいはLSWに興味を持っておられる方は，まず第Ⅲ部から目を通す，という読み方も可能かもしれません。LSWという視点からCCPを眺めてみることで，第Ⅰ部・第Ⅱ部も読んでみよう，という興味・関心を抱いて頂ければ，それもまた嬉しく思います。私は10年以上前から子どもたちのLSWに取り組んできましたが，過去を振り返り，整理する作業だけでなく，それを未来に向けてつないでいく「もう一押しの支援」が必要であることを，常々感じていました。ごく最近になって，CCPがその役割の一部を担えているのではないか，ということに気付き，そのことについて取り上げたのが第Ⅲ部です。まだ十分な後付けを得られたわけではありませんが，1つの参考になればと思います。

　本書が，生い立ちに困難を抱える子どもたち，そして彼らに日々関わるおとなにとって，実用的なガイドとして役立つものとなることを願っています。

片山　由季

● 目次

はじめに　1

第Ⅰ部　　理論的背景

第1章　生い立ちに困難を抱える子どもと将来展望 …………………… 井出智博　10
1　生い立ちに困難を抱える子どもの暮らし　10
（1）施設心理職として抱いてきた疑問　10
（2）カンボジアの孤児院の子どもたち　10
（3）カンボジアの子どもの自立を巡る状況　11
2　時間的展望と生い立ちに困難を抱える子どもへの支援　12
（1）時間的展望とトラウマ　12
（2）生い立ちに困難を抱える子どもの将来展望　14
（3）本書が問題とすること　14

第2章　生い立ちに困難を抱える子どもの自立と自立支援 ………… 井出智博　21
1　社会的養護を要する児童の自立の現状と課題　21
（1）社会的養護の実際　21
（2）社会的養護を経験した子どもの進学と就職　21
（3）社会的養護経験者のその後　22
2　従来の自立支援が抱える課題　23
（1）社会的スキルと生活スキルを中心とした従来の自立支援　23
（2）将来展望を育む自立支援　23
（3）自立支援を巡るミスマッチ　24
（4）「期限切れ」としての自立　25
3　子どもが主体的に取り組む自立支援に向けて－協働性を見直す　25

第3章　キャリア・カウンセリングの視点から ……………………… 井出智博　35
1　キャリア・カウンセリングとは　35
（1）マッチングを中心としたキャリア・カウンセリング　35
（2）ナラティブを重視したアプローチ　35

 2　将来展望を育むキャリア・カウンセリング・プロジェクト（CCP）　37

第4章　キャリア・カウンセリング・プロジェクト（CCP）とは……井出智博　43
 1　CCPの概要　43
 （1）CCPの目的　43
 （2）CCPの基本概念と構成概念　43
 （3）構成概念の補足　44
 2　CCPと子ども中心の自立支援　47
 （1）子どもの考えや想いに焦点を当てることへの批判　47
 （2）アドボカシーとしてのCCP　48
 3　これまでの展開と今後の課題　48
 （1）CCPの展開　49
 （2）CCPの課題　49

第Ⅱ部　実　践

第5章　キャリア・カウンセリング・プロジェクト（CCP）の実際………片山由季　60
 1　施設でCCPに取り組むことになった経緯　60
 2　CCPの可能性にかける　60
 （1）大舎制の時代　60
 （2）方向性を喪失する子どもの出現　61
 3　CCPで何を扱えば良いのか　61
 4　子どもの様子から見た1年間のCCPの様子（第1期生の場合）　64
 （1）おとなはどうやっておとなになったのか　64
 （2）どんな仕事をして生きていきたいか考えてみよう　64
 （3）自分の長所ってなんだろう　64
 （4）やりたい仕事と向いている仕事　65
 （5）2ヶ月人生体験ゲーム　65
 （6）興味がある仕事をしている人たちの話を聞いてみよう　66
 （7）卒園した後の生活について考えてみよう　66
 （8）キャリア設計（人生設計）をしてみよう　66
 （9）まとめと振り返り　67
 5　ワーキンググループ（WG）側からみたCCPの準備（第4期生の場合）　67
 （1）メンバー募集をかけたら，15名も集まっちゃった!?　68
 （2）時間・時期に応じたグループ分け　69

（3）各グループでの活動内容を決める　69
　（4）1年間のスケジュール　71
　（5）各回の準備として　72
　（6）グループ活動での思い出　72
6　まとめ　73

第6章　キャリア・カウンセリング・プロジェクト（CCP）の効果と意義
……………………………………………………………井出智博・片山由季　79

1　CCPの効果－量的研究　79
　（1）評価の方法　79
　（2）実施と評価に関する倫理的配慮　79
　（3）参加群と統制群のCCP実施前後の比較　80
　（4）量的研究から見えてきたこと　81
2　CCPの効果－質的研究　82
　（1）評価の方法　83
　（2）"おしゃべり"の分析　83
　（3）"おしゃべり"の時間を振り返って　87
3　まとめ　87

第7章　キャリア・カウンセリング・プロジェクト（CCP）と日常の養育・支援
……………………………………………………………井出智博・片山由季　91

1　職員へのアンケート調査の実施について　91
　（1）職員の意識への影響　91
　（2）アンケート調査の対象と内容等　91
2　職員アンケート調査内容のまとめ　92
　（1）生活の中で将来と向き合う機会の少なさ－多忙な職員　92
　（2）将来を思い描けない子どもたち　92
　（3）職員の自立支援に対する意識の変化　93
　（4）職員にとって子どもと将来・自立について話題にするきっかけとなる　93
　（5）子どもが実際に将来のことについて考えるきっかけとなる　94
　（6）子どもに見られる変化－継続して実施することの意義　94
　（7）将来を考える風土の醸成－参加に積極的ではない子どもを参加へ導く　95
　（8）職員が自身の将来展望やキャリア形成に目を向ける－職員を育成する機会　96
3　CCPに取り組む意義－支援者の視点から　96
　（1）自立支援のあり方を見直す機会－課題の明確化　97

（2）チームで子どもの自立を支える体制を整備する機会　97
（3）自立支援の内容を膨らませる機会－早期のリービングケアとインケア　98
（4）子どもと支援者が将来について取り組むきっかけ　98
（5）自立や将来のことについて考える風土をつくる機会　99

第8章　キャリア・カウンセリングのワーク集　………　井出智博・片山由季・森岡真樹　105
1　おとなの役割　105
2　伝える工夫　106
3　十分に時間をかける－将来展望を描くことが苦手な子どもへの対応　106
4　日常の支援との連続性－振り返りシートの作成　107
WORK 1　おとなはどうやっておとなになったの？　109
WORK 2　おとなの生活を知ろう　113
WORK 3　いろいろなおとなの人生を知ろう　116
WORK 4　大切にしたい価値観は何？　120
WORK 5　自分にはどんな強みがあるのかな？　123
WORK 6　人生を設計してみよう　126
WORK 7　住みたい家を探そう　129
WORK 8　2ヶ月人生体験ゲーム　131
WORK 9　好きなことや得意なことからつながる職業を探そう　136
WORK10　興味のある職業を知ろう　139
WORK11　自分を表す履歴書をつくろう　143
WORK12　アルバイトの面接を受けよう　147
WORK13　職業調査隊　149
WORK14　ハローワークを訪ねよう　153

第Ⅲ部　　新たな自立支援の展開

第9章　生い立ちの整理から見たキャリア・カウンセリング・プロジェクト（CCP）
………………………………………………………山本智佳央　156
1　社会的養護における生い立ちの整理の取り組み　156
（1）生い立ちの整理を支援する手法－ライフストーリーワーク（LSW）について　157
（2）三重県における社会的養護の子どもたちに対する生い立ちの整理の実践　157
（3）子どもたちの将来にどうやって希望を持たせるか　159
2　生い立ちの整理とCCP　159
（1）CCPと生い立ちの整理の関連性　159

（2）CCPへの期待　160

第10章　キャリア・カウンセリング・プロジェクト（CCP）から見た生い立ちの整理
……………………………………………………………………片山由季　162
1　きっかけは寮職員の言葉　162
2　先行して取り組んでいたライフストーリーワーク（LSW）　162
3　LSWとCCPの実施例　163
（1）LSWを経験してからCCPに取り組んだ例　163
（2）CCPを経験してからLSWに取り組んだ例　164
4　未来の生き方を考えることは，過去の生き方を振り返ること　165
5　過去から未来へと続く連続体としての自分　166

あとがき　168

コラム
1　カンボジアの孤児院における子どもの自立……………………………メアス博子　17
2　子どもの貧困と自立支援…………………………………………………川口　正義　27
3　特別支援学校に通う子どもの自立とその後……………………………秋本　公志　31
4　社会的養護を要する若者たちの就労支援の取り組み…………………永岡　鉄平　39
5　多機関や地域との協働による「おしごとフェスタ」…………………森岡　真樹　54
6　地域と協働した「お仕事体験」…………………………………………片山　由季　74
7　児童養護施設の子どもの自立……………………………………………八木　孝憲　89
8　里親家庭と自立支援………………………………………………………高井　篤　101

第 I 部

理論的背景

第1章
生い立ちに困難を抱える子どもと将来展望

井出 智博

1　生い立ちに困難を抱える子どもの暮らし
（1）施設心理職として抱いてきた疑問

　数年前，私は東南アジアにあるカンボジアを訪ねました。カンボジアには長い間，独裁政治が行われ，多くの人たちが虐殺されてきたという歴史があります。当時の政権が独裁政治を進めるために，教師等の知識人を優先的に虐殺したり，コミュニティ内のつながりを破壊したりしてきたために，復興に長い時間がかかっていると言われてきました。

　私は，友人が長年にわたって支援してきた農村部にある貧しい村にホームステイし，彼らの現在の暮らしに触れさせてもらいました。そうしたカンボジアの方たちの姿に触れることも大きな学びになりましたが，その旅にはもう1つ，カンボジアの孤児院[1]で暮らす子どもの生活を知るという目的がありました。

　私は，児童福祉現場の職員として，また研究者として日本の児童福祉施設や里親家庭で暮らす子どもたちと関わってきました。私の専門は臨床心理学ですので，臨床心理学的な視点から彼らの暮らしや育ちを支援するということに取り組んできたのです。そこで触れてきたのは，暴力や暴言，自傷，引きこもりなど日々繰り返される子どもたちの"問題"とされる行動や，施設や里親家庭から巣立つ時に自分の将来を描けず，進路や就職先を決めることができない，あるいはすぐに仕事や学校を辞めてしまう子どもたちの姿でした。

　そのような中，カンボジアを訪ねるにあたって，私は，日本よりも制度化されていないカンボジアの孤児院で暮らしている子どもたちはどんな暮らしをしているのだろうか，そして彼らの暮らしや育ちを支えている職員はどのような困難に直面しているのだろうか，という疑問を抱いていました。

（2）カンボジアの孤児院の子どもたち

　私はカンボジアに滞在した間に数ヶ所の孤児院を訪ねました。それらの孤児院は海外からの支援によって運営されており，洪水が多い土地柄，高床式の建物になっているなど，私に

1　カンボジアではorphanage（孤児院）という表現を用いることが一般的でしたので，ここでも「孤児院」と表記しました。

とっては新鮮な光景でした。

しかし，そこで暮らす子どもたちの背景を聞くと，以前は孤児が多かったそうですが，今では日本と同様に，DVに曝されることを含めて，児童虐待やネグレクトを理由とするものがほとんどだということでした[2]。また，少ない養育者の手で多くの子どもたちの養育が行われている状況も日本と大きく異なる印象は受けませんでした。ところが，孤児院の職員によると，私が考えていたこととは異なり，子どもたちの生活はそれほど荒れたものではありませんでした。むしろ，私が日本で経験してきたよりも，ずっと安定している子どもたちの姿がそこにあると感じられました。

私は，孤児院の職員たちの意見も聞きながら，なぜ，カンボジアの孤児院の子どもたちの方が落ち着いた生活を送ることができているのだろうかということについて考えました。結果として，実証されているわけではなく，確証的なことではありませんが，私の中に1つの理由が浮かびました。それは，日本の施設で暮らす子どもたちに比べて，カンボジアの孤児院で暮らす子どもたちは将来展望を描くことができているということでした。もちろん，他にも様々な要因があると思いますが，将来展望を描くことができているということは重要な要因のように思えたのです。

この本は施設や里親家庭で子どもに関わっている方を中心として，両親の不仲やDVのある環境で育った子ども，離婚や逮捕拘禁等により両親との離別を経験した子ども，死別を経験した子ども，貧困家庭で育った子ども等，生い立ちに様々な困難を抱える子どもたちに関わる施設職員や里親等の支援者や養育者，教師の皆さんに向けたものです。そうした子どもたちと向き合っている皆さんは，子どもたちと彼らの将来について，どのように語り合ってきたでしょうか。

私は，カンボジアから戻る飛行機の中で，それまでの支援者としての自分を振り返りながら猛省しました。少なくとも，私は子どもたちがそれまでにしてきた経験や子どもたちが抱えている問題にばかり目を向け，子どもたちと彼らの肯定的な将来展望について話すことができていなかったと感じていたのです。

（3）カンボジアの子どもの自立を巡る状況

先述したような歴史を持つカンボジアは，近年，急速に発展をしている国ですが，都市部とそれ以外の地域では大きな違いがあります。立派な家が立ち並ぶ地域や世界中から観光客が集まり，リゾートホテルが立ち並ぶ地域がある一方で，未だに地雷が除去されていなかったり，電気が通っていない地域があったりもします。

子どもたちへの教育も十分とは言えず，私がホームステイした村では，子どもたちのほとんどが読み書き計算ができる小学校3，4年生くらいになると学校を離れ，労働力として，

---

[2] 日本よりも人身売買や性的搾取を理由として保護されている子どもの割合は多いようでした。

家の仕事を手伝うようになります。結果的に，貧困が連鎖すると共に，貧富の差が大きくなっているようで，都市部では子どもを連れたホームレスの方たちを目にすることもありました。

一方，海外からの支援によって運営される孤児院では，高校に通うことが保証されている場合があります[3]。また，海外からの支援によって運営されていることもあり，子どもたちの中には英語や日本語等の外国語を身に付けている子どもたちもいました。

そうした子どもたちは一定の年齢に達すると孤児院を巣立っていきますが，一定の教育を受け，外国語を習得しているために，子どもが希望する仕事や収入が高かったり，一定の社会的地位にある仕事に就くことができたりする場合が少なくありません[4]。よって，孤児院の職員は，年少の子どもたちに，孤児院で暮らしていることにどのような強みがあり，どのような将来につながるかということを伝え，巣立って行った子どもたちは，時折，孤児院を訪ね，おとなとしての生活を子どもたちに伝えることができるのです。

2　時間的展望と生い立ちに困難を抱える子どもへの支援

（1）時間的展望とトラウマ

生い立ちに困難を抱える子どもへの支援において，彼らが経験してきた困難さ（過去）に焦点を当てることは重要なことであり，実際に生い立ちに困難を抱える子どもたちへの心理的なケアでは，トラウマ体験を持つ子どもたちに対してトラウマの影響を軽減するようなアプローチが適用されてきました。もちろん，そうした支援は，彼らが安定した生活を送ることにつながると考えられます。

しかし，それは過去にのみ焦点化し，将来展望を育むことを後回しにして良いということを意味しているわけではありません。

心理学には時間的展望という概念があります。時間的展望とは，「ある時点での個人の心理的未来と過去の見方の総体」(Lewin, 1951；p75) とされており，心理学の領域では様々な視点から多くの研究が行われてきました。スタンフォード大学で行われた監獄実験で有名なZimbardoも時間的展望の著名な研究者の一人で，私たちの時間的展望は過去，現在，未来がそれぞれ2つの部分に分けられ，6種類の時間的展望を構成することを指摘しています（表1-1）。

過去肯定や未来志向の時間的展望を持っているような人は適応的な一方，過去否定や現在運命的な時間的展望が強い人は過去を否定することにエネルギーが費やされ，過去を変えることができないために何もできないと考えてしまうように，不適応的であるとしています。

Zimbardoら（2012）はこうした研究の知見をもとにして，時間的展望の視点をトラウマ

---

[3] 海外からの支援を受けたすべての孤児院において高校通学が保証されているかは不明です。一定の基準を満たさない孤児院も少なくないようです。詳しくはコラム1をお読みください。

[4] 海外の文化や言語を習得することには良い側面ばかりではなく，自国の文化や言葉が伝承されにくくなるというデメリットもあるということも意識しておく必要があります。

表1-1　6つの主たる時間的展望

過去		
	過去肯定的	古き良き日に焦点化しており，スクラップブックをつくったり，写真を集めたり，伝統的な日を祝うことを楽しみにしたりしている。
	過去否定的	「私が何をしようが，私の人生は変わらない」と過去の間違いのすべてに焦点化している。
現在		
	現在快楽的	喜びや新しいものを探し，感覚的で，苦痛を避けようとするなど，その瞬間瞬間に生きている。
	現在運命的	運命が人生の先行きを決めるので，自分の意志は無意味だし，なるようにしかならないと考えている。
未来		
	未来志向的	未来に向けて計画を立て，彼ら自身の決定を信頼している。
	超越未来的	死後に素晴らしい世界が待っていると考え，現世は死後の生活のために生きている。

出典：Zimbardo. et. al.（2012）より作成

の治療に適用する時間的展望療法（Time Perspective Therapy。以下「TPT」）を提唱しています。TPTでは，従来のトラウマ治療のように過去のトラウマに焦点化するのではなく，肯定的な将来展望を描くことを支援することに焦点を当てます。そうすると，過去の体験に強く影響されていたクライエントは，徐々に未来志向的になり，時間的なつながりの中で安定した現在を送ることができるようになっていきます。さらにその結果，過去にとらわれていた過去否定的な態度から過去肯定的な態度へと変化していきます。

　つまり，TPTの視点に立てば，肯定的な将来展望を育むことは，単に将来展望を持つことができるようになるということだけではなく，現在の生活にも肯定的な影響を及ぼしたり，治療的な支援になったりする可能性もあるということです。

　カンボジアの孤児院の子どもたちが，安定した生活を送ることができていたのは，先述したように，肯定的な展望を描くことができているということが1つの要因として影響しているのかもしれません。

　実際に，多くの研究が肯定的な将来展望を持つことが学業的な成功や現在の動機に肯定的な影響を与えることを示しています（Nuttin, 1964；De Volder & Lens, 1982；Oyserman, Bybee & Terry, 2006）。また，Zimbardoら（2012）が，トラウマに焦点化した暴露療法はクライエントに大きな負担を与えるのに対して，将来展望へのアプローチはそうした問題を起こしにくいことを指摘しています。生い立ちに困難を抱える子どもに対して心理的な支援に従事してきた私の経験からも，治療や心理的な支援が必要だと考えられる子どもたちがその枠組みからドロップアウトし，面接に来なくなってしまうことは大きな課題であると感じて

きました。将来展望を育むことに焦点を当てた支援はこうした課題に対する1つの解決策を提供してくれるものでもあります。

（2）生い立ちに困難を抱える子どもの将来展望

では，生い立ちに困難を抱える子どもたちの将来展望はどのようなものなのでしょうか。

将来展望については，時間的展望という視点に加え，キャリア形成という視点からも研究が行われていますので，そうした研究を概観してみましょう。

まず，施設や里親家庭で暮らす子どもは肯定的な将来展望を持てていない，将来への期待が低いことを指摘する研究があります（Kools, 1999；井出他，2014）。私たち（井出他，2014）は日本の児童養護施設で暮らす中学生（施設児童）と家庭で暮らす中学生（家庭児童）の時間的展望の様相の違いについて検討しました。その結果，施設児童は家庭児童に比べて肯定的な将来展望が描けていないことや現在の生活に空虚感を感じていることが明らかになりました。また，将来目標を持ちたいという気持ちも低い傾向にあることが示されました。つまり，施設児童は家庭児童に比べて，将来の肯定的な展望が持てていないし，持ちたいとも思っていないと言えます。この結果からは，肯定的な将来展望を持てていないことだけではなく，彼らの将来展望を持ちたいと思う気持ちが低いことに注目した支援（自立に向けたレディネスの形成を促進する支援）を行う必要があることが示唆されています。

さらに，職業選択を行う際に，職業選択の幅が狭く，収入や社会的地位の低い職業を選択する傾向にあることも示されています（Creed et al., 2011）。例えば，施設で子どもたちと将来の職業について話をしていると，多くの子どもたちが「保育士になりたい」，「施設職員になりたい」と言っているのを耳にすることがあります。それを耳にしたとき，身近なおとなをモデルにしてくれていることを嬉しく感じる以上に，彼らの職業選択の幅の狭さを痛感し，多くの職業や価値観に触れる機会を提供する必要を感じます。

（3）本書が問題とすること

近年，日本でも関心が集まるようになってきた子どもの貧困の領域でも子どもたちの将来展望やキャリア形成に関連する問題が指摘されています。

生きるために十分な食料を手に入れることができなかったり，必要な医療的ケアを受けることができなかったりするような貧困の状態を絶対的貧困と言いますが，ここでいう日本の貧困とは，相対的貧困と言い，その国や地域で当たり前とされるような生活を送ることが困難な状況のことを指しています。こうした貧困の領域における研究の中には，貧困家庭で暮らす子どもたちは，進学させたくても経済的に困難である養育者の心情を思いやって自らの希望を断つために，学習意欲が低下したり，努力が欠如したりするという指摘（埋橋，2015）や，将来の夢や進路について考える時，自分が就くことができる職業水準を意識的・無意識的に感じとり，努力する意義を見出せずに，低い教育水準にとどまることになってしまうと

いう指摘（盛満，2011）などがあります。

　Lareau（2003）は労働者階級・貧困階級と中産階級の家庭の子どもたちを対象としたフィールドワークを行い，中産階級の家庭の子どもたちは"権利の感覚（sense of entitlement）"を発展させるのに対して，労働者階級・貧困階級の家庭の子どもたちは"制約の感覚（sense of constraint）"を発展させることを見出しました。

　中産階級の家庭の子どもたちは，自分たちにはいろいろな可能性があり，いろいろな選択ができるという感覚（権利の感覚）を育むのに対して，労働者階級・貧困階級の家庭の子どもたちは，職業選択や生き方の選択など自分たちの将来には制約があるという感覚（制約の感覚）を育むために，肯定的な将来展望を描くことが困難になってしまうというのです。親との死別を経験した子どもたちは悲観的な将来を描くリスクが高まるという指摘もあるように（Schuurman, 2003），こうした制約の感覚は，貧困家庭の子どもだけではなく，施設児童など様々な生い立ちに困難を抱えた子どもたちに共通して起こり得ることであり，彼らは肯定的な将来展望を描いたり，そうした展望に沿った職業や進路選択をイメージしたりすることが難しい傾向にあると考えられます。

　もちろん，現実的に生い立ちに困難を抱える子どもたちのその後の暮らしは決して楽観視できるものではありません。生い立ちに困難を抱える子どもたちを対象とした大規模長期縦断研究を中心として，多くの研究がうつ病や自殺等の精神的健康への影響の他，身体疾患や対人関係上の問題，経済的な不安定さなど，成人期に至るまで長期にわたり，深刻な影響を与えていることを示しています（Farruggia et al., 2006；Widom, 2014他）。また，そうした影響が世代を超えて連鎖する可能性があることも指摘されています。こうしたことを未然に防ぐために，生い立ちに困難を抱える子どもたちが肯定的な将来展望を描いたり，そうした展望に沿った職業や進路選択をイメージしたりすることができるように支援者には何ができるのでしょうか。本書ではこうした問題に対する支援の方法について説明していきます。

〔引用文献〕

Creed, P., Tilbury, C., Buys, N. & Crawford, M.（2011）The career aspirations and action behaviours of Australian adolescents in out-of-home-care. Children and Youth Services Review, 33(9), 1720-1729.

De Volder, M. L., & Lens, W.（1982）Academic achievement and future time perspective as a cognitive–motivational concept. Journal of Personality and Social Psychology, 42, 566-571.

Farruggia, S. P., Greenberger, E., Chen, C., & Heckhausen, J.（2006）Perceived social environment and adolescents' well-being and adjustment: Comparing a foster care sample with a matched sample. Journal of Youth and Adolescence, 35, 349-358.

井出智博・片山由季・大内雅子・堀遼一（2014）児童養護施設中学生の時間的展望と自尊感情－有効な自立支援をおこなうために．静岡大学教育学部研究報告（人文・社会・自然科学篇），64, 61-70.

Kools, S（1999）Self-Protection in Adolescents in Foster Care. Journal of Child and Adolescent Psychiatric Nursing, 12(4), 139-152.

Lareau, A（2003）Unequal Childhoods: Class, Race, and Family Life. University of California Press.

Lewin, K.（1951）*Field theory in social science: Selected theoretical papers. Harper & Row, New York.*

盛満弥生（2011）学校における貧困の表れとその不可視化：生活保護世帯出身生徒の学校生活を事例に．教育社会学研究，88，273-294.

Nuttin, J. R.（1964）*The future time perspective in human motivation and learning. Acta psychologica, 23, 60-82.*

Oyserman, D., Bybee, D., & Terry, K.（2006）*Possible selves and academic outcomes: How and when possible selves impel action. Journal of personality and social psychology, 91, 188-204.*

Schuurman, D.（2003）*Coming to Terms with the Death of a Parent. St. Martin's Press.*

埋橋孝文（2015）子どもの貧困とレジリエンス：埋橋孝文・矢野裕俊編著，子どもの貧困/不利/困難を考える．ミネルヴァ書房.

Widom, C.（2014）*Longterm Consequence of Child Maltreatment. Handbook of Child Maltreatment; Jill E. Korbin, Richard D. Krugman*（Eds.）*, Springer.*

Zimbardo, P, G. Sword, R, M. & Sword R, K, M.（2012）*The time cure -overcoming PTSD with the new psychology of time perspective therapy. Jossey-Bass, San Francisco.*

COLUMN 1

カンボジアの孤児院における子どもの自立

メアス博子

1 初めてのカンボジア

　私のカンボジア初渡航は1997年2月でした。当時大学4回生だった私は知人が支援し建設した中学校校舎の落成式に誘われ，大学の卒業旅行も兼ねてカンボジアに行くことを決めましたが，カンボジアが世界地図のどこにあるのかもはっきり理解していませんでした。知っているのはアンコールワットがある国，ということだけでした。

　カンボジアに到着したときにガイドが教えてくれた基本情報は，カンボジアの面積は約18万キロ平方メートルで日本の約半分であること，人口は約1200万人でその多くはクメール民族であるということでした（2016年には1500万人を超えたそうです）。主な産業は第1次産業の農業・漁業であるということも聞きました。カンボジアには海岸線がほとんどなく，漁業は東南アジア最大のトンレサップ湖とその周辺の河川で行われています。トンレサップ湖は通常琵琶湖の3倍もあり，雨季になるとさらに面積が大きくなるというガイドの言葉に，旅行グループ一同が驚きの声を上げていました。

　また「子どもが多いように見えますね」という言葉に対する「18歳未満の子どもの人口は全体の40％以上を占めます」というガイドの回答で，さらに驚いたのも覚えています。当時のカンボジアは首都であるプノンペンのみ国際空港があり，今や訪ねてみたい世界遺産の上位にランクされるアンコールワットなど大規模遺跡群を擁するシェムリアップ州には国内線でしか入ることができませんでした。遺跡周辺には物乞いや物売りをする子どもたちがあふれていましたが，その子どもたちは身寄りがないわけではなく，家庭の収入が低いために親に言われてそういったことをしているのだそうです。

　カンボジアの子どもたちは貧しいにもかかわらずキラキラした目をしているという話をよく耳にしますが，当時の私はそんなふうには思えませんでした。それよりも今日明日のお腹を満たす食料や現金を得るために，必死に観光客の周りを取り囲んでいる姿が印象に残りました。

　プノンペンでは郊外にあるキリングフィールドと呼ばれる虐殺現場にも行きました。1975年にアメリカの後ろ盾があったロンノル政権を倒し，クメール・ルージュ（民主カンプチア政権）が3年8ヶ月にわたり独裁政治を行い，約100万人の命が失われたと言われています。日本ではポル・ポト政権と言ったほうがわかりやすいかもしれません。反政府的な発言や反抗的な態度をとる者はもとより，この政権以前に知識階級であった者たちもそれが見つかると虐殺の対象になりました。厳しい強制労働に加え，食糧や医薬品も不足していました。そして従来の社会の仕組みは壊され，子どもが親と引き離された生活を強要されました。子どもたちは，

反逆者がいないか監視するためのスパイとして育てられたのです。私たちのガイドを務めてくれた人も当時10代半ばで，同様の環境に置かれていましたがタイ国境にあった難民キャンプに脱出したとのことでした。難民はいくつかのキャンプに分かれて30万人以上いたそうです。そんな説明を聞きながら足元にある大きな穴に目をやると，虐殺されてその穴に埋められた人の骨がむき出しになっていました。渡航前はここまで厳しい歴史を背負っている国であることをよく知らず，カンボジアに赴きましたが，このときからもっとこの国のことを知りたくなりました。

2 スナーダイ・クマエ－カンボジア人の手によるもの

1997年の初カンボジア渡航から3年が経ち，私はシェムリアップ州にあるスナーダイ・クマエ孤児院で管理運営責任者として働くことになりました。スナーダイ・クマエとは，カンボジア人の手によるものという意味の名称で，1998年創立，カンボジア内務省にローカルNGO登録をしていました。創立者はカンボジア人男性で，難民として日本に逃れた経験のある人でした。

施設は町の中心部に位置し，在籍児童が25名ほどの小規模な施設でしたが，敷地は1万平方メートルもありました。当時保護していた子どものほとんどは経済孤児と呼ばれ，郊外の農村に両親のいる子ばかりでした。孤児と聞くと身寄りがない子どもだと思っていた私は不思議でなりませんでしたが，貧困農村で子だくさんの家庭ではすべての子どもを養育することは困難で，こういった施設に子どもを預けることはめずらしくないという話でした。しかしその子どもたちと生活を共にして数年が経つと，村に帰りたいと言い出す子が出てきました。預けられた時は自分の意志がまだなかった子たちが中学生くらいになってくると，集団生活が嫌になったり，一緒に暮らす子たちとの間で問題が生じたりして，出ていきたくなってしまうのです。このような場合，大抵の子は親の説得の甲斐もなく，卒業を待たずに退所していきました。経済孤児の養育に行き詰まりを感じ，今後どのような子どもを施設に受け入れようかと悩んでいたころ，そんなときに虐待を受けて保護された子どもたちがいることを知りました。同じくローカルNGOであるCWCC（Cambodian Women's Crisis Center）から，そういった子どもの受入れについて問い合わせがあったからです。それを機に2004年頃から虐待を受けていた子どもの養育をメインの活動にし，学校教育通学サポート以外にも基本的な生活習慣，英語やパソコン等のスキル教育，絵画や伝統舞踊等文化的な取り組みも院内教育として行っています。

3 17年の活動から少しずつ見えてきたもの

私がこの施設で働き始めた頃の子どもたちは協力することや思いやりという気持ちは皆無で，年長者に小さい子の面倒を見てもらうなど期待できる状況ではありませんでした。それどころか小さい子よりも先に食事を済ませ，お腹いっぱいで満足そうにしている子がほとんどでした。

その状況を見ていて，通学サポートだけではなく一緒に暮らす仲間，あるいは家族のような気持ちを育てたいと思うようになりました。しかし，おとなであるカンボジア人スタッフも教育をほとんど受けていない30代がメインのため，このような共同社会生活に関する教えに対する理解を得るには時間がかかりそうでした。そこで，スタッフは通訳であると割り切り，まずは，子どもに対して，他者との共同生活で大事なことを身に付けてもらうことにしました。具体的には，子ども同士で問題が生じた場合は当事者との話し合いだけで完結せず，他の子どもたちとも話し合う時間を持つようにしました。その際，個人の多様性を受け入れる土壌をつくるため，どんな答えでも耳を傾けて否定しないことと，おとなが子どもを自分の意に沿うようコントロールすることにならないように気を付けました。根気よく繰り返していくうちに，子どもたちは自分の意見持ち，自分自身の思考に基づいて行動できるようになってきました。何年もかかりましたが，子どもたちの変化を見たスタッフも，ようやく私のしたいことが何なのかを理解してくれるようになりました。その頃から施設に関わるおとなが全員同じ方向を見て，子どもたちを導けるようになったように感じます。

　また，私たちの施設の大きな特徴として，卒業生たちとの関わりがあります。高校卒業後に就職を紹介し，その後はみんな自分の力で生きていきます。途中で退所することなく卒業した子どもは10名を超え，カンボジアの長期休暇や子どもたちのイベントがあるときは必ず足を運んでくれます。ある卒業生は「もしここに来ていなかったら自分の人生はどうなっていただろう」と話してくれました。彼は現在カンボジア観光省公認の日本語観光ガイドをしています。「（施設の）スタッフは優しいけど時々厳しかった」シンプルな表現ですが，卒業生から言われたときは，自分たちがそうありたいと思っている姿を見せることができていたことがわかりました。卒業生の中には子どもたちを見ていて気になることなどをスタッフに話してくれる子もおり，皆で子どもたちを見守る体制につながっています。今ではそういった卒業生たちと私たちスタッフの関係性が，今施設で暮らす子どもたちへの大きな道しるべとなっています。私一人からスタッフへ，そして卒業生たちへ，子どもたちを導くおとなの輪が広がっています。問題に対し丁寧に対応する，ちょっとした表情等の変化に気付き声をかけることなどで，子どもたち一人ひとりの自尊心が育ち，それが他者への関心，思いやりの心につながったのではないかと思います。

　自立というとカンボジアでは仕事を得るためのスキルがあるかどうかに焦点が置かれがちですが，こういった実体験からも私たちは「安定した心」，「他者への関心」があるからこそそのスキルが活かされると考えます。今後も，英語やパソコン等具体的なスキル教育と共に，そのような心を育てる環境づくりに専心したいと考えています。

4 ｜ カンボジアの児童福祉

　近年私たちの施設にも福祉局の査察が来るようになりました。子どもたちの衣食住はもちろんのこと，最近よく尋ねられるのは子どもたちが施設に入所する経緯と外部からの訪問者をど

のように管理しているのかの2点です。政府に無許可で運営し，子どもたちをお金集めの道具として使っている施設に対しては閉鎖命令も出ています。政府の方針は子どもを施設で育てるのではなく，できるだけ親元で養育するような仕組みづくりだと福祉局職員が話していました。現在カンボジアにはソーシャルワーカーの訓練校もありませんし，大学にも専門の学部や単位も存在しません。そのため「ソーシャルワーカー」と名乗る職員たちがどれだけの知識と経験を持ってこのような査察を行っているのか，という疑問はあります。

　そんな状況ではありますが，施設の運営状況や子どもたちのバックグラウンド等について福祉局が調査をしていることは良い傾向と言えるでしょう。ただし，施設運営について査察は受けても政府からの補助金は全く受けていませんので，看板や国旗掲揚台等を設置するよう言われたときは予算に悩まされました。国民全体の40％を占める子どもたち，ポル・ポト時代に満足な教育を受けられなかったおとな，カンボジアにおける児童福祉の今後はまだまだ厳しいものがあります。それでも日々子どもたちの一番近くにいる私たちおとなが，彼らに対し目先ではないもっと先を見据えた接し方に地道に取り組み，それを積み重ねていくことが大切であると考えています。

第2章
生い立ちに困難を抱える子どもの自立と自立支援

井出 智博

1 社会的養護を要する児童の自立の現状と課題

(1) 社会的養護の実際

まずは，児童養護施設や里親家庭など社会的養護を巡る現状を説明しておきます。

社会的養護とは，保護者のない児童や，保護者に監護させることが適当でない児童を，公的責任で社会的に養育し，保護するとともに，養育に大きな困難を抱える家庭への支援を行うことであり，「子どもの最善の利益のために」と「社会全体で子どもを育む」を理念として行われています[5]。

具体的には，児童養護施設や里親家庭がその中心的な役割を担っています。児童養護施設は全国に約600ヶ所あり，約2万6,000人の子どもたちが暮らしています。また，約4,000世帯の里親家庭で約5,200人の子どもたちが暮らしています。国は家庭的養育を実現するために，社会的養護の中心的な役割を児童養護施設から里親家庭へと移行する取り組みを進めており，今後は里親家庭で暮らす子どもが増加すると思われます。

児童養護施設や里親家庭を規定している児童福祉法では，児童は18歳までと定義されています。現在は大学に進学する場合等に18歳を超過しても児童養護施設や里親家庭で暮らすことができるように柔軟な運用が進められるケースも見られるようになってきていますが，基本的には中学や高校を卒業し，就労すると児童養護施設や里親家庭を巣立って行かなくてはなりません。

(2) 社会的養護を経験した子どもの進学と就職

では，こうした社会的養護を経験した子どもたちの自立はどのような現状にあり，どのような課題を含んでいるのかについて考えてみたいと思います。

第一に，家庭から自立していく子どもと大きく異なるのは高校卒業後の進路です。以前は，中学卒業後の高校への進学率にも大きな開きが見られましたが，現在は高校への進学率は同程度まで引き上げられました。ところが，高校卒業後の進路については，大きな開きが見ら

---

[5] 厚生労働省ホームページ (https://www.mhlw.go.jp/stf/seisakunitsuite/bunya/kodomo/kodomo_kosodate/syakaiteki_yougo/index.html)。

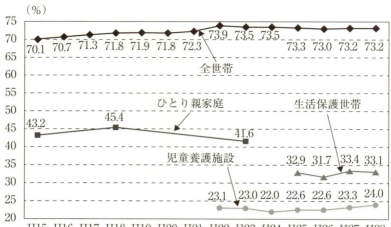

図2-1 子どもの大学等進学率の推移

注1）生活保護世帯については、厚生労働省社会・援護局保護課調べ
注2）児童養護施設については、厚生労働省雇用・均等児童家庭局家庭福祉課調べ
注3）ひとり親家庭については、厚生労働省「全国母子世帯等調査」より作成
注4）全世帯については、文部科学省「学校基本調査」を基に算出

出典：内閣府ホームページ（一部加工）

れます。生活保護世帯やひとり親世帯が全世帯の平均と比べると低い水準にある中で、特に施設児童の大学等への進学率は著しく低い水準にあります[6]（図2-1）。

　もちろん、専門学校や大学に進学することが子どもたちの自立に肯定的な影響を与え、そうでないことが否定的な影響を与えるとは言い切れません。

　しかし、専門学校や大学で過ごす時間は学歴や知識、スキル等を獲得するだけではなく、おとな時代を生きていく仲間と出会ったり、おとなとしての生き方や自分らしさ（自我同一性）を模索したりするために重要な時間であると考えられます。そうした時間を過ごさずに、さらに家族の後ろ盾がないままに社会に巣立って行くことは彼らの自立を困難なものにする1つの要因となっていると考えることができます。

（3）社会的養護経験者のその後

　一方、施設退所後の子どもたちの状況に目を向けると、就職した子どもたちの中で退所後数年の間に離職、転職している割合が半数以上に及ぶことが示されており、進学した場合にも1、2年で中退してしまう割合も高いことが指摘されています（ブリッジフォースマイル，2016）。残念ながら、社会的養護を経験した子どもたちを長期にわたって追跡した調査はないために、その後、長期的にどのような変遷をたどっていくことになるのかを正確に知るこ

---

[6] 内閣府 第4回子供の貧困対策に関する有識者会議「資料1 子供の貧困に関する指標の推移」（http://www8.cao.go.jp/kodomonohinkon/yuushikisya/k_4/gijishidai.html）。

とはできません[7]。

　しかし，施設で暮らしている子どもたちと関わっていると，保護者も施設出身者だったという子どもに出会うことが少なくありません。そうした保護者は，10代の妊娠や望まない妊娠による出産を経験していたり，精神的な問題を抱えていたり，経済的困窮のために夜間の仕事をしなければならずに子どもを育てることができなかったりするような生活を送っていることもあります。また，残念なことに，上手く子どもを育てることができずに子どもに暴力をふるってしまったり，ネグレクトの状態に陥ってしまったりしているケースもあります。もちろん，虐待やネグレクトは許されないことですが，そうした保護者や子どもと向き合うたびに，支援者として世代間の連鎖を断ち切ることができないことに無力さを感じます。

　家庭で暮らせない子どもたちの日々の生活を保障するとともに，彼らが里親家庭や施設から自立し，適応的な生活を始め，維持できるように支援していくことが施設職員や里親の重要な役割となっています。

2　従来の自立支援が抱える課題

（1）社会的スキルと生活スキルを中心とした従来の自立支援

　従来，社会的養護の領域では里親家庭や施設から自立し，適応的な生活を始め，維持できるように支援していく支援を自立支援と呼んできましたが，自立支援は日々の養育と共に重要な役割として位置づけられ，様々な取り組みが行われてきました。

　長谷川（2007）は，児童養護施設を対象としたアンケート調査を実施し，施設で行われている自立支援の内容を明らかにしています。それによると掃除や洗濯，食事の指導等の「生活指導」，テストや受験対策，学習ボランティアの活用等の「学習指導」，貯金やアルバイト，買い物等の「金銭管理の意識付け」，携帯電話の所有や言葉遣い，礼儀作法等の「対人関係の支援」が施設で行われている中心的な自立支援で，その他の取り組みはほとんど行われていないことが示されています。この他に行われてきた研究（長谷川，2009；玉井他，2013；平松，2015）でも同様に対人関係や金銭，料理等，社会的スキルや生活スキルの習得を目的とした取り組みが行われ，将来展望を育んだり，キャリア形成を支援したりする取り組みが行われてこなかったことがわかります。

（2）将来展望を育む自立支援

　もちろん，社会的スキルや生活スキルに焦点化した自立支援も重要ですし，そうした支援の中にも将来展望を育む働きかけは含まれていると思います。

　しかし，将来展望を持ちたいと思う気持ちが低い子どもたち（井出他，2014）に，スキル

---

[7]　ホームレスの支援団体が行った調査では，ホームレスに占める施設出身者の割合が一般的な人口に占める施設出身者の割合の70倍にも及んだというデータが示されています（ビッグイシュー，2010）。

中心の指導的な自立支援を行っても十分な成果は得られません。むしろ，子どもが動機づけられていなければ，子どもにとって支援者は口うるさい存在となり，関係が悪化してしまうリスクがあります（高橋，2013）。皆さんにも経験があるかもしれませんが，勉強する意味を理解していなかったり，勉強したいと思えていなかったりする，学習へのレディネスが形成されていない子どもにいくら勉強をすることを押し付けても，効率が上がらないのと同じです。生い立ちに困難を抱える子どもたちが，肯定的な将来展望を描いたり，そうした展望に沿った職業や進路選択をイメージしたりすることができるようになっていくためには，子どもが主体的に将来に向けた課題を設定し，自ら行動していくような過程を重視し（高橋，2013），スキルを身に付けるため，自立を進めていくためのレディネスを形成することが不可欠なのです。

　ぜひ一度，皆さんの目の前の子どもたちが「将来のことについて考えなければならない」というように「～ねばならない」気持ちではなく，「将来について考えてみたい」，「おとなになるって楽しそう」という気持ちを持っているかについて考えてみてください。あるいは，皆さん自身が目の前の子どもたちがそう思えるような関わりを提供できているかについて考えてみてください。

（3）自立支援を巡るミスマッチ

　このように社会的養護における自立支援では，スキルを身に付けさせて施設を巣立たせなければならない中で行われる支援と，自立していくレディネス（心理的な準備）が整わない子どもたちとの間にミスマッチが起きてしまっています。

　こうした自立支援の取り組みについてのミスマッチについては他にも指摘されています。ヨーロッパの若者のおとなへの移行について調査したAndreasら（2002）は，子どもからおとなへの移行を，玩具のヨーヨーの動きに例えて，ヨーヨー型の移行というものを提唱しています。一見，おとなのように自立したかのように見えても，それは一時的なもので，子どもとおとなの狭間を行ったり来たりしながら，おとなへの移行が進んでいく（あるいは進まない）場合もあるということです。そして，Andreasらは，生い立ちに困難を抱えた子どもほど，ヨーヨー型の移行を示す傾向が強いとし，子どもからおとなへの移行がスムーズには進みにくい状況にあるが，私たちが暮らす社会では，生い立ちに困難を抱えているわけではない，一般的な基準をもとにした移行支援を中心に行われており，そうした支援のもとでは，生い立ちに困難を示す子どもの自立が良い結果につながりにくいという問題を指摘しています。

　この指摘を具体的に理解することができる好例が今の日本の学校教育の中にあります。

　それは「二分の一成人式」と言われるものです。二分の一成人式は10歳を迎える小学校4年生の保護者参観日を利用して行われ，自分の生い立ちを振り返ったり，成長を支えてくれた親（保護者）への感謝の手紙を書いて読み上げたりする取り組みが含まれていることが多いようです。参加した親は我が子の成長を目の当たりにし，感動して涙することもあるそう

です。親子の絆を深めるとともに，自分の成長を支えてくれた人たちの存在を改めて意識することは子どもにとっても温かい経験であり，多くの子どもにとっては成長の糧になるかもしれません。

ところが，里親家庭や施設で暮らす子どもたちはどうでしょうか。あるいは，祖父母に育てられている子ども，両親の離婚を経験した子ども，死別を経験した子どもなど生い立ちに困難を抱える子どもたちにとってはどうでしょうか。彼らにとっては自分の心の準備は整っていないにもかかわらず，10歳を迎えたからという理由だけで生い立ちを振り返らせられ，感謝することを強いられる機会になってしまっているかもしれません。

「親と一緒に暮らしていて，良好な親子関係を築いてきた」という一般的な基準をもとにした移行支援とそうした基準にそぐわない生い立ちに困難を抱えた子どもたちの状況にミスマッチが生じて，必ずしも有益なものにはならない（だけではなく，二次的な被害の体験にもなりかねない）ことを示す例だと思われます。

（4）「期限切れ」としての自立

また，社会的養護を要する子どもたちの自立支援においては，自立支援が子どもの状態ではなく，制度に沿って進められることで，「期限切れ」を迎えてしまうという問題が指摘されています（畠山，2002）。

その背景にはポスト青年期というものの存在が影響しているものと考えられます。従来の青年期が学校教育に身を置きながら自我同一性を探索するモラトリアムとしての性質を持つのに対して，ポスト青年期は仕事をしながらも親に様々な形で依存しながらおとなとしての生き方を模索するという性質を持つとされています（宮本，2004）。つまり，適度に依存しながら徐々に自分のペースで自立を進めていくという現代の若者の自立の特徴に対して，施設で暮らす子どもたちは，自立の困難さを多く抱えているにもかかわらず，一定の年齢に達すると否応なしに自立せざるを得ない状況に置かれているという，実態と制度の不一致が生じてしまっているのです。

生いたちに困難を抱える子どもの自立支援においては，子どもの実態に応じて，彼らに見合った自立支援が提供される必要があるのです。

3　子どもが主体的に取り組む自立支援に向けて－協働性を見直す

制度上の問題はすぐに変えることが難しいかもしれません。しかし，こうした中でも子どもが主体的に将来に向けた課題を設定できるように支援したり，自立を進めていくためのレディネスを形成することを支援したりすることはできます。

北川（2010）は，子どもの主体性を保証した自立支援を行うためには，子どもと支援者の協働性が必要であるとしています。

例えば，「親離れ，子離れ」という言葉があるように，親子関係において子どもが自立し

ていこうとする時，それは子どもの側だけ生じるプロセスではなく，親にとっても役割や子どもとの距離等，様々な変化を体験することになります。これは，一般的な自立が子どもだけで進められるのではなく，親子関係の中で並行して進んでいくことであり，親子が協働して自立を進めていくことを示しています。

　そうした横並びの自立支援においては，支援者が子どもに一方的に何かを教えるということではなく，子ども自身の考えや想いにも焦点が当たると考えられます。つまり，支援者が「おとなになるって，こんなに大変なんだから，こういうことを学んでおきなさい」ということだけでなく，子どもの「私はこうしたいんだ」という考えや気持ちに沿った自立支援が進んでいくことになるのです。このように子どもたちが将来を展望して語ることを前望的語り（Prospective Narrative）と言い，現在や過去に対する認識を新しいものにする力を持っているとされています（Jansen & Andenas, 2013）。

　ところが，子どもと支援者の関係においては，個人差はあっても多くの場合，支援者はその子どもが巣立って行っても，その場に残り，支援者としての役割が継続していきます。そうすると，生い立ちに困難を抱える子どもの自立では，自立は子どもの側にのみ起きるプロセスと位置づけられ，協働性が生じにくくなってしまうかもしれません。支援者が子どもに対して指導的な立場をとる自立支援（指導的な自立支援）ではなく，支援者と子どもが一緒に取り組むような横並びの関係の中で進んでいくような自立支援（横並びの自立支援）を行うことが必要だと考えられます。

〔引用文献〕

Andreas, W & Barbara, S. et al.（Eds.）（2002）Misleading Trajectories Integration Policies for Young Adults in Europe? Springer Fachmedien Wiesbaden.

ビッグイシュー基金（2010）若者ホームレス白書 当事者の証言から見えてきた問題と解決のための支援方策．

ブリッジフォースマイル（2016）全国児童養護施設調査2016 社会的自立に向けた支援に関する調査－施設職員アンケート－．

長谷川眞人（2007）児童養護施設における自立支援の検証－未来を担う子どもたちへの支援をめざして．三学出版．

長谷川眞人（2009）入所から社会生活を展望した自立支援の考え方と実践：喜多一憲・神戸賢次・堀場純矢・長谷川眞人・全国児童養護問題研究会編集委員会編，児童養護と青年期の自立支援 進路・進学問題を展望する．ミネルヴァ書房，79-87．

畠山由佳子（2002）児童養護施設の自立支援プログラムに対する評価測定．関西学院大学社会学部紀要，91, 137-148．

井出智博・片山由季・大内雅子・堀遼一（2014）児童養護施設中学生の時間的展望と自尊感情－有効な自立支援をおこなうために．静岡大学教育学部研究報告（人文・社会・自然科学篇），64, 61-70．

平松喜代江（2015）児童養護施設における自立支援に関する文献的検討．中部学院大学・中部学院大学短期大学部研究紀要，16, 21-29．

Jansen, A. and Andenas, A（2011）Heading for Japan': Prospective narratives and development among young people living in residential care. Qualitative Social Work, 10(4), 1-16.

北川清一（2010）児童養護施設のソーシャルワークと家族支援－ケース管理のシステム化とアセスメント方法．明石書店．

宮本みち子（2004）ポスト青年期と親子戦略－大人になる意味と形の変容．勁草書房．

高橋菜穂子（2013）児童養護施設職員による長期的意味づけから捉える自立支援の展望．教育方法の探求，16, 25-32．

玉井紀子・森田展彰・大谷保和（2013）児童養護施設におけるリービングケアに関する研究－生活担当職員を対象とした中高生のケアに関する調査．子どもの虐待とネグレクト，15(1), 66-77．

COLUMN 2

子どもの貧困と自立支援

川口　正義

1 │ 「一般社団法人てのひら」の取り組み

「子どもの貧困」はおとなの貧困とは違い，発達・健康・教育・医療・進学・就職等，子どもの人生全般にわたって様々な影響を及ぼすものです。そして子どもの様々な可能性と選択肢を制約し，「努力してがんばったら報われる」という肯定感を持てなくなり，子どもから将来の夢やチャンス，さらには自分を取り巻く他者や世界に対する信頼感を奪うものです。まさに人生を切り拓くスタートラインに着くことができず，子ども自身のポテンシャルをつぶすものです。

また，生活困窮家庭は社会的支援を得にくい環境下に置かれており，貧困，家族機能の不全，ネグレクト・虐待，精神疾患，就労問題，地域社会からの孤立・排除，原家族におけるネガティヴな生活体験，経済的・時間的・精神的ゆとりのなさなど，保護者・家族自身も様々な問題を抱えているため，子どものみを取り出して支援するのではなく，保護者・家族全体をも含めた「予防的・長期的・包括的」支援が必要かつ有効であると考えています。

上記の状況を踏まえ，当法人は保護者・家族の抱える様々な問題により安心・安全な養育・教育環境が保障されていない子どもたちに対して，自立に必要な様々な社会生活体験と学びの機会・場を提供することで，子どもたちの成長発達を図ることを目的に取り組んでいます。また，当法人の取り組みの特徴としては，以下の点が挙げられます。

1) 「子どもの最善の利益」の実現を主軸とした教育とソーシャルワークとの協働による支援
2) 要保護児童対策地域協議会に参加する関係機関との連携
3) 教育委員会と福祉部局との協働による「こどもの貧困」対策の推進
4) スクールソーシャルワーカーによる「学校のプラットフォーム化」の具現化のための仕組みづくりと実践
5) 「生活支援」を基軸としたうえでの「学習支援」との連携，およびアウトリーチによる保護者に対する日常生活支援
6) 子どもの緊急一時保護，および親子関係の再構築に向けた支援
7) 当事者である保護者・家族が活動に参画できる体制づくり（利用者から担い手への転換）
8) 行政を巻き込んだソーシャルアクションによる社会資源の再資源化と創出

なお，当法人の取り組みは，内閣府「第2回子どもの貧困対策に関する検討会」（2014年5月1日）において，「先駆的に貧困を抱える子どもの生活支援に取り組む民間団体」の1つとして取り上げられました。また，文部科学省の「地域政策等に関する調査研究～地域振興に有

効な教育実践の実態把握とその普及方策に関する実践研究～」（2015～2016年度）のモデル事業の対象となりました。

2｜子どもたちが直面している困難と活動を通しての子どもたちの変化

　子どもは安心・安全な日常生活を連綿と積み重ねていく中で成長・発達を遂げていきます。しかしその「当たり前の日常生活」を生活困窮家庭の子どもたちは保障されていません。先述の通り，子どもたちは保護者・家族自体が抱えている生活問題の影響を受け，子ども期にふさわしい生活や教育保障の権利侵害を被ります。家庭生活においては，不十分な衣食住，健康への負担，文化的資源の不足，適切なケアの欠如，ネグレクト・虐待，DV，不安感・不信感，孤立・排除等の複合的剥奪にさらされてしまいます。また学校生活においては，家庭生活の不安定さが影響して集団生活への不適応が生じ，その言動は学習意欲の低下，低学力，行動の不安定さ，問題行動化，試し行動等として現れます。その結果，子どもたちが潜在的に有している問題を見立てられなかったり，あるいはどのように対応したらいいかがわからない教職員によって，「困った子」としてのスティグマを貼られ，否定的な指導がされたり，ゼロトレランスの考え方のもと学校生活から排除され，子どもたちはますます不利な状況に追い込まれてしまうことも起こります。まさに家庭，学校，地域社会といった生活全般において，子どもらしい経験と活動が制限・縮小され，安心・安全な人間関係と場を失い，子どもの能力形成過程に不利が生じていると言えます。

　このような問題を抱えている子どもたちは，生活支援および学習支援の場においても，様々な不安定な言動を示します。愛着形成が不十分であることの問題も含め，子どもたちは自信がなく，自己肯定感が低く，自己表現や自己開示をすることが苦手です。自分の気持ちを受け止め聴いてもらったという経験がなければ，自らの欲求や要望を言葉や行動に託して表現することもできないし，ましてや「助けてほしい」とSOSの声を上げることもできなくなってしまいます。子どもたちは自らの内部で葛藤する思いを持て余し，それを表現する手段として不器用な「試し行動」を示したりします。さらには，自分自身には価値がないと感じると同時に，おとなへの不信と怒りを気持ちの深いところに抑え込んでいる子どもの場合は，自分を支援してくれる立場のおとなと出会ったときに，自分へ差し出された手を拒んでしまい，自分を表現する拠り所として攻撃性を心の鎧のようにまとい，おとなからの必要な支援を遠ざけてしまう状況に自分を追い込んでしまいます。

　また，自己認識の不十分さも感じます。生活困窮生活とは，生活をすること・人間関係を持つこと・養育されることについてそれぞれ連続性が十分に満たされていない，あるいは喪失している状況であるとも言えますが，そのような外的な環境があまりに不安や恐怖に満ちていると，子どもは自らが置かれた困難に満ちた状況と向き合うことを避けて防衛的な態度で過ごすうちに，自分自身について考えることを止めてしまう心理的状態に追い詰められてしまいます。おそらくこれらの根底には，あるがままの自分を認められた体験が不足し，「自分は存在して

いいんだ」との思いが内在化していないように見受けられます。自分を無価値だと思い込み，「どうせ自分になんか無理だ」と過小評価している状態では，新しいことにチャレンジしてみたり，見知らぬ人の中に入ることは難しく，その子どもが本来持っているストレングスを発揮することが妨げられます。

そこで活動の中では，その子ども個々の状態に合わせて，新しい体験や学びからできることを増やし，小さな成功体験を積み重ねていく関わりを大切にしています。また，子どもたちが「今，ここにいる（存在している）」自分，誰かに必要とされている自分，他者と繋がり他者によって認められている自分，さらには自分が他者の役に立っていることを感じることができるように，大学生が子どもサポーターとなって，一対一の関係性を紡いでいます。

子どもサポーターは子どもたちにとって，自分と向き合ってくれる特定の関係であり，また自分の成長・変化（揺れ動き・不安等）を見守り知ってくれている，揺れ動く自分の言動をあるがままに受け止めてくれる存在です。まさに生活困窮家庭の子どもたちにとって将来の生活や自己像を描くためのロールモデルとなり得ています。もちろん社会人スタッフが活動場所での子どもたちの成長や変化を保護者・家族や学校・教職員に伝えるという仲介役を担い，子どもたちの頑張りを理解し支えてくれる環境づくりのための取り組みを並行して行っていることが，子どもたちのエンパワメント向上に相乗効果をもたらしてもいます。

このような取り組みを通して，子どもたちは活動中も自主的，意欲的に取り組むことが増え，自己表現できるようになってきます。ネグレクト・虐待問題を抱えていた親子関係が柔軟化・改善し，学校・教職員による子どもと家庭に対する理解が促進することで，子どもたちの家庭および学校生活における安定化が見られています。また学習支援の場では，中学卒業までは利用者として支援を受けていた子どもが，高校進学後には子どもサポーターとして活動に参画する子どもが数名現れ，また生活支援の場では，無気力であった中学生が将来に対する希望を語り膨らませ，ソーシャルワーカーを目指して福祉系大学に進学するといった成果も現れています。

3 ｜ 生活困窮家庭の子どもに対する自立支援のあり方と課題

自立とは，誰の力も借りずに，何もかもを自分一人でやり，自分一人の力で生きていくことではなく，むしろ周囲に上手く頼り，相談して委ね，周囲（社会資源）を上手く活用しながら実現していくものであり「関係に守られること」です。そのためには，他者とのコミュニケーションスキル，他者への信頼，自己表現，自己開示，自己肯定感が必要であり，それらを育むための環境が必要となります。

繰り返しになりますが，生活困窮家庭の子どもたちは，社会的な環境の剥奪により心理的にも剥奪された状況下に置かれており「努力しても頑張っても，何も変わらない」との諦めを内在化し，希望を語る機会を喪失し，将来の生活や自己変革への不安や失望感を抱いています。この喪失感や失望感を軽減する鍵は，やはり子どもたち自身が「自らが存在していることの

力」や「繋がりの中で生きていること」に気付くことができるかどうかでしょう。そのためには子ども自身が"主人公"となり得る「社会的居場所」が必要です。そして，その居場所とは「安心してありのままの自分を受け入れてくれる関係と場」であり，子どもの気持ちをきちんと聴いてくれる「意味あるおとな」との出逢いが保障される場であるべきです。

そのような家庭でもなく学校でもない「第三の居場所」とも呼ぶべき場とそこでの取り組みは，決して家庭の代わりになるものではありませんが，生活困窮家庭の子どもたちのエンパワメントをもたらす権利擁護的役割は担うことはでき，さらに親子関係の再構築や家族の再統合へ寄与することにも繋がっていくと活動を通して実感しています。子どもの活動の場の社会的な提供の縮小およびそれに伴う家族依存の強化が進んでいる状況を踏まえたとき，「意味あるおとな」との出逢いや「社会的居場所」が保障されるための既存の制度・サービスの枠を超えた新たな仕組みづくりがますます必要となるのではないでしょうか。

〔参考文献〕
末冨芳・川口正義（2017）静岡市における学校プラットフォーム化：末冨芳編著，子どもの貧困対策と教育支援．明石書店．

COLUMN 3

特別支援学校に通う子どもの自立とその後

秋本　公志

1 特別支援学校に通う「育ちに困難を抱える」子どもたち

　特別支援学校は，障がいがある子どもたちのための学校です。彼らには，もともと障害の影響という「育ちの困難」があります。それに加えて，彼らを育てる周囲の人たちが感じる「育ての困難」が加わる場合があります。

　我が子に障がいがあるとわかった時，保護者はそれまで自分の描いていた未来が大きく変わってしまうことで大きな「ショック」を受けます。最初は，何かの間違いではないかと疑ったりきっとよくなるだろうと考えたりして，わが子の障がいをまず「否認」しますが，その事実をいよいよ認めざるを得なくなると，障がい自体や我が子，さらには自分自身に対して，「悲しみ」や「怒り」の感情があふれてきます。多くの保護者は，専門家や同じ境遇の人たちとの交流を通して，障がいを「受容」するようになり，それと付き合いながら生きていこうと「再起」していくと，一般的には考えられています[1]。しかし，なかには「否認」や「悲しみ・怒り」の感情を上手く処理できず，子どもにそれをぶつけてしまったり，家庭内での争いに発展してしまったりすることも稀ではありません。その結果，子どもの保護が必要だったり保護者の希望により，施設に入所させなければならない状況になるケースも見られます。

　また，自閉症スペクトラム障がい等の場合では，保護者が最初「障がい」だと認識できていないため子どもの「困った表れ」に悩み，周囲から非難されて，保護者自身が追い込まれて子どもへの不適切な関わりが長期にわたるケースが多く見られます。このような場合，子どもが二次的に精神疾患や心身症になり入院が必要な事態に陥ることもあります。

　このような「育ちの困難」を抱える子どもたちは，以前から特別支援学校に通っていますが，近年それが少しずつ増えているような気がします。ある施設の職員の方が，「最近は幼児の入所相談が増えているんです。以前は家庭で育てようとする親御さんが多かったんですが…」と話してくれたことや，従来，喘息，腎臓病の子どもが多く在籍していた病弱児を対象とする特別支援学校において，慢性疾患の子どもが激減し，精神疾患および心身症の頻度が増加し最も多いという調査結果（深草・森山・新平，2017）が示されていることからもそれを感じています[2]。

1　中田洋二郎（1995）親の障害の認識と受容に関する考察－受容の段階説と慢性的悲哀．早稲田心理学年報，27．
2　深草瑞世・森山貴史・新平鎮博（2017）精神疾患及び心身症のある児童生徒の教育に関連した疫学的検討－全国病弱虚弱教育研究連盟の病類調査報告を含む－．国立特別支援教育総合研究所ジャーナル，6．

2 | 特別支援学校での自立支援と実際

　特別支援学校でも，「自立」を重視しています。ここで言う「自立」とは，「一人で何でもできる」ということではなく，「周囲と上手く関わりながら，卒業後子どもたちが少しでも安定して生活できる」ことです。そのために行っている様々な指導の中で，「自立の基礎づくり」と「社会参加への道筋づくり」についてエピソードを交えて紹介します。

（1）「自立」の基礎づくり

　特別支援学校には，「自立活動」という領域があります。これは，彼らが抱える「障がいの状態からくる様々な教育上または生活上の困難」を軽減し，学習や生活の基礎をつくるための指導です。そこで重要となるのは，「自分自身を理解する」ということです。それを象徴するこんなエピソードがあります。

　私が病院内にある特別支援学校に勤務して，主に障がいの重い子どもたちの指導をしていた時のことです。前の週に中学校から転入してきたAさんが，私の教室に突然入ってきました。

　入院によって小・中学校から転入してきた子どもたちの中には，最初からスムーズに学校になじむ子もいますが，そうでない子もいます。時には，「授業なんか受けたくない」と教室から出て行ってしまうこともあります。Aさんも，おそらくそうだったのだと思います。ちょっと粗暴な傾向があると聞いていたのですが，部屋の隅でとても静かにしていました。そして1時間後，部屋から出て行きました。

　そんなことが何日か続いたある日，Aさんが「先生，（私）邪魔じゃない？」と聞いてきました。私が，「勉強の邪魔にならないように静かにしてくれているから大丈夫だよ」と応えると，「授業出ろって言わないの？」と続けて聞いてきました。「だって，行きたくない理由があるんだろ？」と尋ねると，「どうせまた怒られるだけだから…」とつぶやきました。話を促すと，ぽつりぽつりと前の学校や家庭でのことを話し出し，最後に「なぜ僕はお母さんや先生から怒られるんだろう」と苦しさを語ってくれました。

　Aさんは，「自己」つまり「自分の障害特性」が理解できずに苦しんでいたのです。私はその日の午後に担当の教員にこのエピソードを伝え，一緒に対応を考えて指導を進めることができたことに加え，医師から処方された薬が上手く効いたことで，Aさんは学校に適応していきました。

　Aさんのように上手くいく例ばかりではなく，ベッドから出てこない子や出てきても自分の好きな活動しかしない子等，どうすればいいか担当が悩む場合もしばしばです。しかし，上手くきっかけをつくって自分を理解できれば「なぜ，注意されたり，怒られたりするのか」，「どういう時に何をどうすればいいのか」を理解できます。そして，周囲から注意されたり怒られることが減れば，「あ，自分は注意すれば，周りと上手くやることができるんだ」と実感し，その成功経験を頼りに自分をコントロールすることで，「自立」の基礎となる自信や意欲につながっていくと考えて，日々の指導にあたっています。

（2）「社会」へつなぐ道筋づくり

　子どもたちの生活は，卒業してからも続きます。いや，彼らの自立ということを考えたら，むしろ卒業してからの方が本番だと言えます。彼らが社会に出て行くために私たちが重視しているのは，①「何がしたいのか」という目的と②「自分には何ができるのか」，「できることをするためにどんな支援が必要なのか」という自己認識，そして③対人関係のスキルです。それらの力を育てるための授業や，実際に企業や作業所等で1～2週間働かせてもらう「現場実習」の機会を設定しています。特に現場実習では，普段接していない人と対人関係を築くことが求められますが，それに難しさを感じる生徒たちが多くいます。

　ある生徒Bさんは，1年時の現場実習でその時点で希望していた職場に1週間行きました。職場での評判も良く，Bさんの感想も悪くないものでしたが，2年の実習先を設定する時に「去年のところは嫌だ」と言い出して，結局別の実習先に行きました。後日「去年の実習先はお昼の弁当を食べる時に話すのが苦痛だった」ことを担任に言いました。

　確かにその生徒は，人と関わる時に緊張する子でした。しかし，1年時の実習先の話では特に昼の様子は話題にならなかったので，大丈夫だと思っていたのですが，実は必死に頑張って疲れきってしまっていたのです。また，ある生徒は「先生，今は先生みたいに話を聞いてくれる人がいるけど，卒業したらどうなるのかな」と不安を口にしていました。改めて人間関係に関する課題の大きさを痛感しました。

　私たちは彼らの課題や不安をすぐに解消できる方法は持っていません。ただ，彼らの気持ちを受容しながら，同じ目線で一緒に考えていくことを大事にしています。そして，卒業後に，彼らが自分の不安や大変さを打ち明けることができるような環境を用意してもらうように，進路先への働きかけを続けていきたいと考えています。

3 ｜「学校」から見た自立支援の課題

（1）生徒の「自律性」の確保

　施設に入所したり，病院に入院したりしている子どもたちの大きな課題は，「自律性」の弱さです。施設や病院では1日の生活の流れがほぼ決まっていますし，「いつ」，「何を」，「どうする」といった具体的な行動については，職員からの指示や示唆があり，その行動の良し悪しについても判断して指導してくれます。とりあえずそれに従っていれば，毎日の生活を送ることができ，問題行動があっても次第に収まっていきます。

　しかし，それは非常に「他律」的な生活なので，退所・退院をして家庭に戻った後，また同じ問題が起こったり悪意のある人間に利用されてしまったりすることが少なからずあります。もちろん，家庭から通学してくる子どもたちの中にも，保護者の過干渉によって同様な問題を抱える子どももいます。彼らに対して，「自分で判断する力」を養い，自分の生活を自分でコントロールしていく「自律性」を養っていくことが，大きな課題だと言えます。

　様々な指導を通して，彼ら自身が「自分は何に気を付ければいいか」に気付き，それに気を

付けて生活することで、「自分はこうすれば周りと上手くやれる」という成功経験を得ることこそ、「自分がやりたいこと」を実現するために「どうすればいいのか」を自ら考える「自律性」につながると私たちは考えています。

（2）保護者・外部機関との協力関係の構築

　施設から通ってくる場合も入院している場合も、日常的な生活面の諸連絡等は基本的に施設や病院と行い、定期的に連絡会やケース会議を持つことが一般的です。

　しかし、施設に入所している子どもの場合、進路関係については施設の職員では対応ができないことがあります。例えば、現場実習においては、保護者の同意が必要になり、さらに実習先との事前の打ち合わせや事後の反省会への出席や実習中の不測の事態への対応等は、どうしても保護者に協力してもらう必要があります。すんなりと協力してくれる保護者は多くなく、むしろ自分の子どもの進路に無関心で、施設任せにすることも決して稀ではありません。

　また、入院している子どもの場合は、退院後の生活は保護者にかかっていますが、その生活態様について学校で確かめる術はありません。

　保護者への対応にあたって、児童相談所や社会福祉協議会等の外部機関との連携がますます重要になってくると思っています。

（3）情報の共有

　最近、特別支援学校にもスクールカウンセラーが派遣されてくるようになり、毎日ではありませんが、子どもたちや教員の相談を受け付けてくれます。本来なら、そこで得た情報を共有すべきなのですが、いわゆる「個人情報保護」の観点から具体的な部分が明らかにならない場合もあり、もどかしく思えます。

　また、外部機関と支援会議を開くにあたっても、各機関がそれぞれ独立して動いている場合もあり、どの機関がどのような情報を持っているかを把握するのに時間がかかってしまうこともあります。

　子どもたちの育ちを支援するためには、彼らの情報を共有する方法を考えていく必要があると感じています。

第3章
キャリア・カウンセリングの視点から

井出 智博

1 キャリア・カウンセリングとは

(1) マッチングを中心としたキャリア・カウンセリング

　将来展望やキャリアの育成、形成を支援するアプローチとして、キャリア・カウンセリングがあります。

　キャリアという言葉に含まれる意味は多岐にわたりますが、近年は、職業や職務、進路という狭義の意味合いだけではなく、個人の生き方を幅広く含む広義の意味合いで用いられることも少なくありません。この本の中でも、職業や進路の選択だけではなく、結婚や子どもを持つこと、どこでどのように生活をするかというようなその人の生き方そのものを含むものとしてキャリアという言葉を用います。

　また、キャリア・カウンセリングについても様々な理論が提唱されていますので、キャリア・カウンセリングのイメージもそれぞれでしょう。その人の能力や興味等、個人の特性に合った職業やライフスタイルをマッチングしたり、そのためにどのようなスキルや知識を身に付けるかについて相談することもキャリア・カウンセリングと考える人もいるのではないでしょうか。具体的には、その子どもの能力に応じた学校や職業を紹介したり、その子の性格特性や興味、関心等に見合った学校や職業を紹介したりすることですが、そうした支援は学校における進路相談等で皆さん自身も経験したことがあるかもしれません。また、従来、生い立ちに困難を抱える子どもに対しても自立支援の中でそうした支援が行われてきたと思います。もちろん、そうした自立支援も重要なものです。しかし、マッチングのように外的な評価に基づいたアプローチでは子どもが自立に向けて高く動機づけられ、レディネスが形成されていることが前提となります。ところが、ここまで見てきたように、生い立ちに困難を抱える子どもたちの多くはそのレディネスが十分に形成されていないため、彼らの主体性を重視した自立支援を実現するためには、子ども自身が自らの将来について語り、将来展望を持てるように支援することが必要になります。

(2) ナラティブを重視したアプローチ

　Savickas（2011）やCochran（1997）は、個人の特性と職業やライフスタイルとをマッチングさせることに主眼を置いた従来のアプローチには、個人の内面に焦点を当てる視点が欠

表3-1　キャリア・カウンセリングにおける論理実証主義的世界観と構成主義的世界観の比較

キャリアカウンセリングの要素	論理実証主義的世界観	構成主義的世界観
クライエントの役割	・受動的応答者	・積極的参加者
カウンセラーの役割	・熟練者	・興味深く，好奇心旺盛かつその時々に応じる質問者 ・尊重的な聞き手 ・その時々を大切にする観察者
カウンセリング関係の特質	・カウンセラー主体 ・カウンセラーが最も知っている ・検査と指示 ・問題解決アプローチ	・協力的 ・相互作用的 ・相互的関与
キャリアアセスメントの位置づけ	・開始時に使用 ・客観的 ・熟練者による得点化され報告されたアセスメント ・感情より事実が重視される	・ストーリーと意味 ・共に構成された意味 ・主観性に価値をおく ・事実と同様に感情が重視される
キャリア情報の使用	・事実の強調 ・熟練したカウンセラーによって提供される	・情報探索プロセスの強調 ・クライエントが情報収集者になる
全体と部分	・人格，能力，興味等の特性に焦点を当てる ・クライエントの人生という文脈にあまり注目しない ・仕事と生活を切り離してみなす	・主観的な経験と感情に価値をおく全体的アプローチ ・文脈が重要 ・仕事と生活を全体としてみなす
カウンセリングプロセス	・カウンセラー主体 ・継続的 ・職業名といった客観的な結果を期待する	・カウンセラーはクライエントの生活空間に入り込む ・クライエントが駆動する変化を期待する

出典：宗方（2012）より一部抜粋

けていたとし，個人のナラティブを重視するアプローチを提唱しています（表3-1）。彼らの考えの背景には社会構成主義の影響を受けたナラティブ・セラピーの考えがあります。ナラティブとは物語という意味の言葉ですが，ナラティブ・セラピーにおいては，その人がその人の主観に基づいて構成した物語という意味を含んでいます。

　ある施設で暮らしてきた女の子（Aさん）の例からナラティブアプローチの必要性を考えていきたいと思います。

　Aさんは中学校3年生の頃に高校への進学を考えていた時，「保育士になりたい」と言いました。施設で暮らしてきた子どもが保育士等の職業を選択する傾向が多いということは先に述べましたが，施設の職員もAさんも施設で暮らしている間に信頼する保育士の姿を見て保育士という仕事を選択しようとしているんだなと考え，保育士になりたい理由については

詳しく聞きませんでした。

　ところが，高校卒業後の進路について考え始め，専門学校選びを進めていた頃，ちょっとしたきっかけでAさんが保育士という仕事を選択しようとしている本当の理由を語ることになりました。その内容は「小さい頃から私は虐待を受けて育ってきた。中学生の頃からもしかしたら自分がいつか子どもを産んで親になる日が来るかもしれないと思っていた。でも，自分の中には私に暴力をふるっていたあの親の血が流れている。そのことがすごく怖い。だから，いつか自分が自分の子どもを育てる前に，保育士として働いて，子どもを育てることに自信を付けておきたいから保育士を職業に就きたいと思った」ということでした。

　これを聞いた施設の職員は改めてAさんの中にある被虐待経験の影響を知るとともに，保育士として働くことが，おとなとして生きていくことそのものと直結していることに気付かされることになりました。Aさんが口にした保育士になりたい理由は，おとなからすると驚くとともに，このまま保育士になって大丈夫だろうか，という不安を喚起する内容かもしれません。しかし，保育士という職業を選択するに至ったAさんの物語は間違いなくその子の中にある事実なのです。こうした，本人の主観に基づいて構成される物語をナラティブというのです。

　近年，我が国でも生い立ちに困難を抱える子どもたちの生い立ちの整理に取り組む重要性が強調されるようになってきました。こうした取り組みも，分断されたり，抜け落ちていたりした時間を紡ぎ，子どもたちの中に時間的な流れを持ったナラティブをつくり上げていく取り組みとみることができます。第9章では，長年，生い立ちの整理に取り組んできた実践者の視点から，本書で紹介するキャリア・カウンセリング・プロジェクト（CCP）の意義を紹介しています。私たちは，生い立ちに困難を抱える子どもたちが過去から現在，現在から未来へと時間を紡ぎ，連続したナラティブを形成する支援の取り組みと位置づけることによって本書で紹介する内容が，より子どもたちの育ちにとって意味あるものになると考えています。

2　将来展望を育むキャリア・カウンセリング・プロジェクト（CCP）

　自立に向けたレディネスが十分に形成されていない生い立ちに困難を抱える子どもの自立支援においても，単に子どもの特性と職業やライフスタイルをマッチングさせるような職業や進路の決定や社会的スキルの習得だけでなく，子ども自身のどのようなおとなになりたいか，おとなとしてどのような生活を送りたいかというような，子どもの価値観や想いを醸成するような支援が必要です。

　しかし，ここまで見てきたように，生い立ちに困難を抱える子どもたちは将来展望を描くことが苦手で，キャリアについてのナラティブを語ることができない場合も多くあります。そこで，生い立ちに困難を抱える子どもに対する新たな自立支援のアプローチとして，将来展望を育む視点を含んだ取り組みを開発する必要がありました。私たちは，児童養護施設の

子どもたちを対象としてこうしたアプローチの開発に取り組んできましたが，この本ではそうした取り組みをキャリア・カウンセリング・プロジェクト（以下「CCP」）と表現し，その開発の過程と実際について紹介します．

〔引用文献〕

Cochran, L.（1997）*Career Counseling: A Narrative Approach*. 宮城まり子・松野義夫訳（2016）ナラティブ・キャリアカウンセリング－「語り」が未来を創る．生産性出版．

宗方比佐子（2012）構成主義的キャリアカウンセリングの現代的意義と課題：金城学院大学論集．人文科学編，8(2), 125-134.

Savickas, M. L.（2011）*Career counseling, American Psychological Association*. 日本キャリア開発研究センター監訳，乙順敏紀訳（2015）サビカス キャリア・カウンセリング理論－〈自己構成〉によるライフデザインアプローチ．福村出版．

COLUMN 4

社会的養護を要する若者たちの就労支援の取り組み

永岡　鉄平

1 キャリア教育から，就職，アフターフォローを一貫型で行う2法人3事業体制

　フェアスタートは児童養護施設，自立援助ホーム，シェルター等の社会的養護で育つ子どもたち，または育った若者たちを中心に就労支援を行う団体です。施設退所者の多くがワーキングプアとなってしまっている課題を解決するために，①ワーキングプアを未然に防ぐための支援，②ワーキングプアとなってしまった際の早期の立て直し，③就職後に就労が安定して継続するためのフォロー，この3事業を通じて，施設退所者が自らの力で前向きに貧困の連鎖を断ち切れるようサポートをしたいとの想いでフェアスタートは設立されました。現在，フェアスタートグループは2010年8月設立の株式会社フェアスタート，2013年1月設立のNPO法人フェアスタートサポートの2法人で構成されています。株式会社では実際に就職のあっせんを行い，NPO法人では就職前のキャリア教育と就職後のアフターフォローを担当しています。

　施設にいる間に自分がどんな仕事に向いていて，どんな仕事にチャレンジしてみたいかをしっかり考える機会に恵まれ，就職先を自分の意志でしっかりと自己決定できるように，様々な業種や職種の情報提供，会社見学や就労体験の機会提供を主としたキャリア教育をしっかりと行います。そしてその中で，会社見学等によって顔の見える関係になった企業へ本人が就職したいと希望した場合は仲人として就職あっせんを行い，さらに，就職後は一人暮らしと仕事が軌道に乗るよう仲間づくりの機会提供や個別相談をメインにアフターフォローする，という一貫型の支援となっています。

　フェアスタートで大切にしていることは「かわいそうではなくもったいない」という考え方です。施設の子どもたちは18歳から自身で働いて生計を立てるという宿命にありますが，それは考え方を変えれば18歳という年齢からすでに「生きるためにはたらくことが当たり前」という尊い価値観を身に付けていることに他なりません。その高い自立心，労働意欲，そして圧倒的な若さを兼ね備えた施設出身者は中小企業を主とした多くの企業が求めている貴重な人材だと言えます。実際に施設の若者を就労支援する中で，もちろん若さゆえの失敗や未熟さは多々あるものの，早くから社会へ出てはたらくことで培われる力，仕事への意欲は社会人としての大きな可能性を感じさせます。

2 高卒新卒就職者の高い離職率，その構造

　高校卒業と同時に正社員就職を希望する若者に対しては，基本的にハローワークの高卒求人

票をもとに各高校が就職のあっせんを行っています。このような仕組みは，就職希望者に対しての高い就職内定率を生み出せますが，実は，就職後の高い離職率の実情を知る人は多くありません。

　ここで，厚生労働省が発表している「新規学卒者の離職状況」の調査結果を紹介したいと思います。平成26年3月に高校を卒業し，同年4月から正社員として就職をした若者たちの3年以内離職率を就職先の従業員規模ごとに見ていくと，従業員5人未満の企業への就職者は64.0％，従業員5人～29人の企業への就職者は56.4％，従業員30人～99人の企業への就職者は47.1％と出ています。1年以内の離職率だと，従業員5人未満の企業への就職者は36.9％，従業員5人～29人の企業への就職者は30.2％，従業員30人～99人の企業への就職者は23.1％となっています。また，高卒新卒者の約40％が従業員100人未満の企業へ就職をしていることからも，この数値はごく一部の若者のデータではないということが言えます。

　東京都が施設退所者を対象に行った調査結果（「東京都における児童養護施設等退所者の実態調査報告書（全体版）平成29年2月」東京都福祉保健局）では，1年以内に最初の就職先を辞めた退所者の割合が約50％と出ていましたが，これは先の数値と照らし合わせてみると，そこまでものすごく高いわけではないということがわかります。しかしながら，施設退所者が最初の就職先の離職を契機に非正規雇用以下の状態へ移ってしまう現状を考えると，この離職率を改善していくことが大事です。ここで意識して頂きたいことは，若者たち自身の課題（問題）に目を向けることだけはなく，そもそもこれだけの高い離職率を誘発している「高校の就職活動の仕組み」についてです。

　ここで，フェアスタートが過去に就職を応援した若者の事例をご紹介します。

　Aさんは，児童養護施設を退所後，高校の就職あっせんにより建設関係の仕事に就きました。しかし，仕事にやりがいを感じられず，半年で離職。その後，深夜のカラオケ店員のアルバイトをしながらフリーターとして約2年間生活をしていました。お世話になっていた施設の職員さんがAさんの現状を心配に思い，フェアスタートへ繋いでくれました。彼との面談の中で，最初に就いた建設関係の仕事をなぜ辞めたのか聞くと「別にやりたい仕事ではなかった」と話がありました。また，なぜその仕事を選んだのか聞くと「高校時代運動部に入っていたから，体を動かす仕事しかイメージになかった」と話してくれました。そんな彼に，様々な職種を提案する中で，彼がチャレンジしてみたいと選んだのがITエンジニアの仕事です。採用試験を突破し，ITエンジニアとしてデビューした彼は，すでにこの仕事が5年続いています。この彼が会社から採用内定を受け取った時，僕に話してくれた台詞が今でも忘れられません。「はじめて就職した気分です」と。この台詞を聞いたとき，高校の就職あっせんで就職先を決めた若者の中で，その就職を自分事としてしっかり捉え，自分の意志で入社したと感じられている若者たちがどれくらいいるのだろうと疑問を感じました。

　施設退所者たちの最初の就職先の定着率向上，そこから生まれる社会参画の精度向上を実現するうえで強く意識しなければならないのは，高校の就職あっせん制度に任せていただけでは不十分だということです。施設関係者と支援団体，地域の企業等が連携し，独自のキャリア教

育の仕組みをつくり提供していくことが大切です。

3｜顔の見える関係になった企業へ就職する流れが生み出す高い定着率

　フェアスタートが就労支援を行い2016年4月に新社会人デビューした児童養護施設退所者，里親家庭出身者は7人います。2年3ヶ月が経過した2018年7月現在，全員離職することなく職場に定着しています。この7人の中には，知的ボーダーの若者，発達障害で手帳を所持している若者もいます。

　では，この7人が，なぜ早期に離職することなく，少なくとも2年以上職場に定着したのでしょうか。

　それは①会社見学や就労体験を組み込む丁寧なプロセスを提供したこと，②決してこちら側が促すことはせず，本人からこの会社に入りたいと申し入れがあったこと，③入社後の職場，施設，フェアスタートの三者連携によるフォロー，④そもそも，社会的養護の若者たちの境遇等に理解があり，丁寧に育てる意思が強い企業を厳選していることの4点にあると考えています。それでは，この4点についてそれぞれ詳しく説明していきます。

（1）会社見学や就労体験を組み込む丁寧なプロセスを提供したこと

　施設の高校生に限らず，高校生全般に言えることですが，会社や仕事の情報を文字情報として受け取るだけではイメージに限界があります。そこで，実際会社に訪問し，目で見ることで実感を持たせることにしています。会社見学の際に大切にしていることは，おとなの意見を押し付けず，見学をする若者に対して，見学をしたうえで，興味を持つことができたら，就労体験や入社を考えれば良いのだよと伝えることです。採用試験に挑むことが前提ではない会社見学の機会は，応募者となる可能性のある見学者と求人主を対等の関係に置くため，見学者が気軽に足を運ぶことができます。また企業側も自分たちの会社が選ばれるかどうか真剣に考えているため，丁寧に対応してくれます。社長が自ら対応してくれることもめずらしくありません。見学の後，本人がその会社の仕事に興味を持った場合は，就労体験をコーディネートします。就労体験の期間は短くて1日の場合もあれば，2週間住み込みで実施といったロングパターンもあります。目で見ただけではなく，実際手を動かして仕事を体験することで，楽しいと思えるか，やりがいを感じられるかなどを具体的に感じられます。また，体験を通じて，その会社における人間関係の相性もある程度感じることができます。こうしたプロセスを経ることで，本人にとって，その会社で働いてみたいか，他を探そうか，精度の高い意思決定が可能になります。

（2）決してこちら側が促すことはせず，本人からこの会社に入りたいと申し入れがあったこと

　これも就職後の定着を考えると重要なポイントになります。おとな側からすれば，おとなりの視点で本人に合う会社が見つかった場合，すすめてしまいたいものです。しかし，就職す

る主役は他でもなく若者本人です。「この会社，良いと思うよ，行ってみたらどう」ではなく「この会社，良いと思うよ，正式に受けたいと思ったらいつでも言ってね」と，あくまで若者本人が自らの意思により入社したいと申し出てくれる流れが理想です。この流れを踏まえることができると，入社後に何か辛いことがあったとしても，自分で選んだ会社なのだから踏ん張ろうと思い，踏ん張りがききやすくなります。

（3）入社後の職場，施設，フェアスタートの三者連携によるフォロー

入社後は基本的に雇用主である企業がフォローの主たる役割を担います。しかし，実務に関わらない領域でフォローが必要なこともあり，そうした時は，速やかに本人の状況を施設側が把握することで，手遅れになる前に対処することが可能になります。過去にこのようなことがありました。会社が用意したアパートに住みながら仕事をしていたBさんのもとへ，過去に同じ施設で生活をしていて高校在学中に施設を退所した後輩Cさんが住まいをなくしてBさんのアパートに転がり込んでいました。この同居状態が日々Bさんのストレスを増大させ，仕事に支障が出るレベルに至ってしまいました。Bさんの様子がおかしいことを察した社長からフェアスタートに相談があり，我々は状況が深刻であることをBさんが生活をしていた施設へ伝えると，速やかにCさんへの対応（別施設への入所）をしてくださいました。こうした実務（仕事現場）に関わらない領域で起きることは雇用側にも対応の限界があり，雇用主，施設，フェアスタートの三者が連携したことにより適材適所なフォローが実現できています。

（4）社会的養護の若者たちの境遇等に理解があり，丁寧に育てる意思が強い企業の厳選

日本に存在する企業の中には，児童養護施設出身者はハングリー精神に満ち溢れ，何も言わずとも率先して仕事を行う若者が多いと過度な期待をしている企業が存在します。また，そうした過度な期待がなかったとしても，とりあえず社員の頭数だけ揃えばよい，会社について来れない若者は辞めていっても構わない，こうした価値観を持つ企業も残念ながら存在します。

施設を巣立ち，社会への最初の一歩目で「人と環境」に恵まれたかどうかが，その後の社会人としての歩みのクオリティに影響を及ぼしやすい施設退所者にとって，最初の就職先の選定は重要です。日本には，施設退所者たちの境遇に理解を示し，家族のように共に育っていこうと考える素敵な企業も確実に存在します。そうした企業が地域で施設とつながり，そのつながりの中で，顔の見える関係になった信頼できる企業に若者たちが就職していくことを推奨しています。そのための企業発掘に我々フェアスタートは引き続き力を入れてまいります。

第4章 キャリア・カウンセリング・プロジェクト（CCP）とは

井出 智博

1 CCPの概要

（1）CCPの目的

さて，ここからは生い立ちに困難を抱える子どもたちが主体的に，かつ将来展望を育むことができるような自立支援としてのCCPの実際について紹介していきたいと思います。

「子どもたちが主体的に取り組む」という言葉は，子どもたちが「将来のことについて考えるって楽しいな」，「おとなになるのも悪くないな」と思えるような取り組みと言い換えることもできます。いずれにしても，子どもたちが自ら将来のことやおとなになることについて考えたり，なりたい自分を意識しながら将来に向けてのナラティブを構成し，人生を設計することについて考えてみるような機会を提供することで，自立に向けたレディネスを形成したりすることがCCPの大きな目的だと言えます。

（2）CCPの基本概念と構成概念

CCPは2012（平成24）年度の三菱財団社会福祉研究助成を受けて開発され，児童養護施設と里親家庭を対象として実践と検証が重ねられてきました。

CCPの開発を進めるために，ここまで示してきたような議論に基づいて，CCPの基本的な概念を整理しました（表4-1）。さらに，CCPを進めていくうえで，その内容をどのように

表4-1 キャリア・カウンセリング・プロジェクト（CCP）の基本概念

CCPにおける"キャリア"
　キャリアとは，職業や職務，進路だけではなく，生涯にわたる個人の人生とその生き方そのものと，その表現の仕方とする（宮城，2002）。

CCPにおける"キャリア・カウンセリング"
　単に職業や進路と個人の能力や性格等の特性をマッチングすることに留まらず，カウンセリングの手法を援用しながら，参加者である子どもたちが主体的に自らのキャリアについて探索することを援助するプロセスとする。

CCPの目的
　キャリア・カウンセリングを通じて，参加者である子どもたちが，おとなになることの厳しさだけでなく，おとなになることや将来を展望することの楽しさや喜びを感じながら，おとなになる自分を想像し，自らの生き方や将来を思い描く体験を提供する取り組みである。

表4-2 キャリア・カウンセリング・プロジェクト (CCP) の構成概念

①	CCPはPCAグループ（村山，2006他）の考え方に基づいたグループ・アプローチである。個々の子どもが安心して参加でき，自由に自分の将来について考え，表現できる場をつくることを大切にする。また，職員やスタッフも参加者の一人としてその場に参加し，一緒に活動に取り組む。子どももおとなも同じ一人の参加者であり，参加者相互の関係性を重視した場をつくることを大切にする。
②	CCPは外部者が子どもたちに直接提供するものではなく，施設や支援機関内にCCPワーキンググループ（WG）を構成し，WGが実施目的や実施内容の計画立案，施設や支援機関内における連絡調整の役割を担う。また，子どもたちから取り入れたい活動についての意見を聞くことで，子どもと支援者が共創（吉川，2008）するものである。
③	固定化されたプログラムがあるのではなく，上記の目的に沿って，対象となる子ども（たち）の状況や子どもたちを取り巻く状況に応じて，活動を構成するものである。
④	CCPは子どもたちに対して全く新しい取り組みを提供するのではなく，これまでに施設や支援機関等で行われてきた実践（特に自立支援に関する実践）を土台にして構成されるものであり，子どもたちの日々の生活や支援との連続性を重視するものである。子どもたちに対する自立支援は日々の生活や支援と一体のものであるという考えに基づく。
⑤	CCPは生い立ちに困難を抱える子どもたちに，人生の厳しさやおとなになる大変さを教えるだけではなく，おとなになることや将来を展望することの楽しさや喜びを感じながら，おとなになる自分を想像し，自らの生き方や将来を思い描く体験を提供することで，おとなになるにあたって必要な知識やスキルを学ぶレディネスを形成することを目指す取り組みである。子どもたちが「将来のことについて考えるって楽しいな」，「おとなになるのも悪くないな」と思えるような時間を提供することを目指す。

構成していくかの指針となるCCPの構成概念を整理しました（表4-2）。

（3）構成概念の補足

基本概念（表4-1）については，ここまで述べてきたような背景をもとに構成されており，改めて説明を加える必要はないと思いますが，構成概念（表4-2）については補足的な説明を加えたいと思います。

a） 横並びの関係

①	CCPはPCAグループ（村山，2006他）の考え方に基づいたグループ・アプローチである。個々の子どもが安心して参加でき，自由に自分の将来について考え，表現できる場をつくることを大切にする。また，職員やスタッフも参加者の一人としてその場に参加し，一緒に活動に取り組む。子どももおとなも同じ一人の参加者であり，参加者相互の関係性を重視した場をつくることを大切にする。

PCAグループとは，「個人は自分自身の中に，自分を理解し，自己概念や態度を変え，自己主導的な行動を引き起こすための巨大な資源を持っており，そしてある心理的に促進的な態度についての規定可能な風土が提供されさえすれば，これらの資源は動き始める（Rogers, 1986）」という基本的仮説に基づいたグループ（村山，2006他）のことを指します。

先述してきたように，CCPでは支援者が子どもに対して指導的な立場をとる自立支援（指導的な自立支援）ではなく，支援者と子どもが一緒に取り組むような横並びの関係の中で進

んでいくような自立支援（横並びの自立支援）を行うことを目指します。その背景には，子どもたちはおとながすべて教えたり，指導したりしなければ自立に必要な力を身に付けることができないという考えではなく，将来のことについて考えるレディネスが形成されれば子どもたちは自ら将来のことやおとなになることについて取り組み始めるという子どもの持つ力や可能性に対する信頼があります。この時，おとなは指導者としてではなく，子どもと同じ一人の参加者としてCCPに参加しており，おとなも自分の将来について考えたり，おとなとしての生活について考えたりすることに取り組みます。こうした考えに基づき，CCPではPCAグループをもとにしたグループ・アプローチを採用しました。

b）子どもと一緒に創り出す

②	CCPは外部者が子どもたちに直接提供するものではなく，施設や支援機関内にCCPワーキンググループ（WG）を構成し，WGが実施目的や実施内容の計画立案，施設や支援機関内における連絡調整の役割を担う。また，子どもたちから取り入れたい活動についての意見を聞くことで，子どもと支援者が共創（吉川，2017）するものである。
③	固定化されたプログラムがあるのではなく，上記の目的に沿って，対象となる子ども（たち）の状況や子どもたちを取り巻く状況に応じて，活動を構成するものである。

（ⅰ）共創のワーキンググループ（WG）
　CCPでは，毎回，キャリア形成や将来展望を育むための様々な活動に取り組みます。しかし，固定化された各回の活動があるのではなく，参加している子どもたちや施設や支援機関の状況に応じて活動の内容は大きく異なります。その背景にはCCPは支援者が子どもに一方的に提供するものではなく，子どもたちの意見も聞きながら，支援者と子どもが一緒に創り上げていくものであるという考えがあります。こうした考え方を吉川（2017）は「共創」としていますが，CCPでもその姿勢を重視したいと考えています。それを実現するために重要な役割を担うのが，CCPワーキンググループ（WG）です。

（ⅱ）WGの構成とアクション・リサーチ・モデル
　WGは，施設の場合にはグループ・リーダーや心理職，ファミリー・ソーシャル・ワーカー等を中心に構成します。また，里親家庭の場合には，里親や里親家庭を支援する機関に加えて，必要に応じて児童相談所のスタッフに加わってもらうことになります。その他の機関で行う場合にも，普段から子どもに直接関わるスタッフを中心に，心理やソーシャルワークの側面から関わるスタッフによって構成すると良いでしょう。
　CCPでは実践と効果の検証を行うために，アクション・リサーチ・モデル（ARM）を採用しました。ARMは〔現状の把握〕→〔分析〕→〔計画〕→〔実行〕→〔評価〕のサイクルを繰り返しながら，反復的，螺旋的に進んでいくプロセスであるとされています（中村，2008；図4-1）。WGはこのARMのプロセスを展開する中心的な役割を担います。ARMのプロセスを示しながら，その過程でWGが担う役割を紹介してみます。

（ⅲ）具体的なARMのプロセス

CCPでは，現状把握のために，まず，対象となる施設の子どもたちの時間的展望等の心理的特性の把握や，これまでに施設や機関で行われてきた自立支援の状況と課題を明らかにすることから始めました〔現状の把握〕。具体的には子どもたちに回答してもらった質問紙や職員会議等を通じて行った施設や機関の職員へのアンケートの結果を分析することによって，その施設や機関におけるCCPの目的を整理していきました〔分析〕。次に，その目的に沿って，CCPの年間計画を検討しました〔計画〕。その後にやっとCCPを始めることになるのですが，各回のCCPを開催すると〔実行〕，その内容や子どもたちの反応等についてWGで振り返り〔評価〕，当初の年間計画の内容を修正する作業を行いました〔2回目の分析，評価〕。このようにCCPの実践においてWGは非常に重要な役割を担います。また，多くの時間と労力が必要ですが，WGがあるからこそ，固定化したプログラムではなく，子どもたちや施設，支援機関の状況に応じた取り組みを提供することが可能になります。

図4-1　ARMの反復サイクル

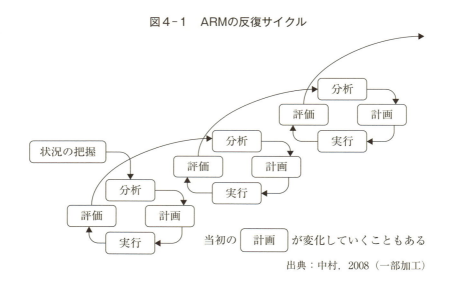

出典：中村，2008（一部加工）

c）日々の生活や支援との連続性

④	CCPは子どもたちに対して全く新しい取り組みを提供するのではなく，これまでに施設や支援機関等で行われてきた実践（特に自立支援に関する実践）を土台にして構成されるものであり，子どもたちの日々の生活や支援との連続性を重視するものである。子どもたちに対する自立支援は日々の生活や支援と一体のものであるという考えに基づく。

先述した通り，CCPを進めていくうえでWGの役割は非常に重要です。しかし，施設や機関における自立支援についての議論はWG内で行われるだけではありません。職員会議等を通してそれまでの自立支援の課題についてディスカッションしたり，CCPが始まったら参加

している子どもの様子を伝えたりするなどして，CCPに直接的には関わらない職員も巻き込みながら進められていきます。

　こうした作業を通して，施設や支援機関の中にCCPの時間に関してだけではなく，子どもたちに対して日々，どのような自立支援を行いたいか，行う必要があるかについての議論が盛んに生じるようになってきます。実は，CCPの重要な要因の1つはこうした作業を通じて，施設や機関の中で「自立とは何か」，「自立支援とは何か」についての問い直しが行われ，その内容が明確化していくことにあります。

　したがって，CCPは施設や支援機関の中に，全く新しい自立支援の取り組みを提供するというよりも，それまでに行われてきた取り組みを整理し，洗練していく機会として位置づけることができます。

d）子どもが楽しいと思える時間づくり

⑤	CCPは生い立ちに困難を抱える子どもたちに，人生の厳しさやおとなになる大変さを教えるだけではなく，おとなになることや将来を展望することの楽しさや喜びを感じながら，おとなになる自分を想像し，自らの生き方や将来を思い描く体験を提供することで，おとなになるにあたって必要な知識やスキルを学ぶレディネスを形成することを目指す取り組みである。子どもたちが「将来のことについて考えるって楽しいな」，「おとなになるのも悪くないな」と思えるような時間を提供することを目指す。

　WGで活動について検討する時にも，実際に活動している時にも子どもたちが「将来のことについて考えるって楽しいな」，「おとなになるのも悪くないな」と思えるような時間を提供することを心がけます。

　子どもたちが描く将来は，時には現実的ではなかったり，その子の日頃の生活から考えると実現することが困難だったり，内容が伴わないように感じられたりすることもあるかもしれません。そして，そのことを指摘しなければという気持ちになったりすることもあるかもしれません。しかし，CCPがまず目指すのは子どもたちが"将来展望を描こうとする"機会を提供することです。誰だって，最初から「それではダメだ」，「不十分だ」と否定されてしまうと前向きに取り組む気持ちを失ってしまいます。生い立ちに困難を抱え，肯定的な将来展望を描けなかったり，描きたいと思えていなかったりする子どもたちの場合にはなおさら，まずは結果よりもプロセスを重視する必要があると考えます。

2　CCPと子ども中心の自立支援
（1）子どもの考えや想いに焦点を当てることへの批判

　ここまで見てきたように，CCPが目指す横並びの自立支援では，支援者が子どもに一方的に何かを教える指導的な自立支援に比べて，子ども自身の考えや想いに焦点が当てられます。

　ところが，こうした取り組みをしていると「できもしないような夢を見させることで，子どもが自分の力に見合わない職業や生活を選択しようとするようになってしまったらどうす

るのか」という疑問を投げかけられることがあります。この言葉を発する人の気持ちもわからないではありません。先述した通り，生い立ちに困難を抱える子どもたちの多くは，とにかく生きていくために仕事をしたり，生活する場所を確保したりすることが必要な子どもたちです。そうした子どもたちに対しては，従来の自立支援のように，おとなが自立に向けた方向を示す必要性が生じることもあるでしょう。

　そうした自立支援のあり方がすべて間違ったものであり，この本で紹介するような自立支援のあり方（CCP）をそれにとって代わるものとして紹介したいわけではありませんし，すべての子どもに効果のあるものであるとは考えていません。私たちの実践の中でも，イメージして語ることよりも，より具体的知識やスキルを獲得することに焦点を当てるような取り組みが必要だった子どもたちもいました。将来を思い描いたり，それを語ったりすることは，その子どもの言語的な能力や全般的な知的能力と密接に関係していると感じました。こうした子どもたちへの自立支援においては，ある程度，おとなが先導するような関係の中で自立支援が進められることが必要である場合もあると考えています。

（2）アドボカシーとしてのCCP
　しかし，先ほどの「できもしないような夢を見させることで，子どもが自分の力に見合わない職業や生活を選択しようとするようになってしまったらどうするのか」という問いかけこそが，子どもたちに制約の感覚を持たせることに繋がってしまう危険性を含んでいるということにも気付いてほしいと思います。
　近年，アドボカシーという概念が重視されるようになってきています。アドボカシーには様々な意味や行為が含まれていますが，堀・栄留（2009，p71）は，「子ども自身による意見表明とそのことを通してのエンパワメントがアドボカシーの原則」であると述べています。CCPでは，子どもたちが主体的に将来展望やキャリアについて考える機会を提供することを目指します。そうして描かれた将来展望やキャリアは子どもたちなりの言葉で語られますが，その語りは彼らなりの意見表明だと言えるでしょう。その内容を完全に実現することは難しいかもしれませんが，子どもが表明した意見に基づいて，少しでもそうした将来展望やキャリアに近づくように子どもたちと話し合ったり，必要な情報を提供したりすることを通してエンパワーすることは，アドボカシーそのものであるとみなすことができます。そうした意見をもとに子どもの自立支援についての計画を立てることも可能です。つまり，CCPは子どもを中心に据えた実践を実現する方法でもあるのです。

3　これまでの展開と今後の課題

　ここまでCCPの背景にある考え方や理念，あるいは目的等を読みながら，頭の中では普段関わっている子どもたちの姿を思い浮かべて，実際にCCPを行うことを検討して頂けたのではないかなと思います。どうだったでしょうか。あなたのイメージの中で子どもたちはCCP

表4-3 CCPのこれまでの展開

年度	施設・機関数	グループ数	対象児童数
2013	1	2	6
2014	1	2	7
2015	3	3	15
2016	2	4	17
2017	2	3	12
2018（暫定）	4	6	24

を通して「将来のことについて考えるって楽しいな」，「おとなになるのも悪くないな」と思ってくれるようになったでしょうか。

　第Ⅱ部からは具体的な例を示しながらCCPを紹介するとともに，その効果や意義についても示したいと思います。その前に，CCPがどのように展開してきたのか，そして私たちのこれまでの実践から直面した課題とこれからの展望について整理しておきたいと思います。

（1）CCPの展開

　先述したように，CCPは2013年に三菱財団の社会福祉研究助成を受けて児童養護施設における自立支援の新たな取り組みとして開発されました。当時，CCPをキャリア・カウンセリング・プログラムと表現していましたが，プログラムという表現は固定化された取り組みを示す印象を与えるために，プロジェクトと表現を改めました。

　また，そうした過程で複数の児童養護施設に取り組みが広がり，現在は里親家庭への支援に向けた取り組みも進められるようになってきています。

　表4-3に示したように，毎年，複数のグループが構成されてCCPが実施され，その都度，新たなワークもつくられてきました。第Ⅱ部では，そうした個々のワークについても紹介しますが，年を重ねるごとに対象に応じて新たなワークが開発されていくこともCCPの特徴の1つだと言えるかもしれません。

（2）CCPの課題

　一方で，年を重ねるごとに様々な課題にも直面してきました。WGで検討を重ねながら少しずつ課題の解決に取り組んできましたが，そうした課題について整理しておきたいと思います。

① 抽象的な作業や言語化することが苦手な子ども

　CCPでは，自分の将来をイメージしたり，語ったりすることに取り組みます。

　ところが施設で暮らす子どもたちの中には抽象的な作業が苦手だったり，言語化したりすることが苦手だったりする子どもたちも少なくありません。そうした子どもたちに対しては，できるだけ具体的な作業を通じて将来のことについて考えてみる時間を提供することを試みてきました。

　コラム5，6では，地域の方たちと協力して行った取り組みについて紹介しています。この取り組みは施設で暮らす子どもや被虐待児の自尊心を向上させるためにサービス・ラーニングが有効であるという指摘（Brendtro, 1997；Quisenberry他, 2013）を参考にして進められたものですが，ここまで述べてきたCCPの内容に比べると，より体験学習の特徴を含んでいる取り組みであり，抽象的な作業が苦手だったり，言語化したりすることが苦手だったりする子どもたちにとっても取り組みやすい内容です。しかし，効果検証については十分に行うことができていませんので，その点も含めて今後の課題だと考えています。

② 年齢的な制限

　2つ目の課題は年齢です。

　抽象的な作業や言語化したりすることが十分にできない年齢の低い子どもたちは当然ですが，高校3年生など施設からの巣立ちを目前に控えている場合には，生活スキルや就業等の現実的な自立支援が必要であるという現実が眼前に迫っています。そうした子どもたちにとっては自立に向けたレディネスを形成することを目的としたCCPに参加することは必ずしも子どもたちのニーズに即した支援にならない場合もあります。

　私たちは，CCPが対象とする年齢は概ね小学校高学年から高校1，2年生くらいまでと考えています。できるだけ早い時期からCCPに参加することによって，将来展望を持ちやすくなることを経験的に学んできました。もちろん，小学校低学年の子どもたちに対してもCCPのような取り組みは有効だと考えられますが，内容や実施の形態については検討が必要だと考えています。

③ CCPに参加しようとしない子ども

　周囲は，将来について考えてほしいと思っても，なかなか子ども自身の気持ちが向かず，CCPへの参加を渋る子どもたちがいます。CCPへの参加は子ども自身の意思を尊重しますので，無理に参加させるようなことはありませんが，参加してほしい子どもほど参加を渋るという現実があるかもしれません。

　第Ⅲ部でも触れられていますが，将来のことについて考えることと，自分の生い立ちを整理することは全く別の作業というわけではなく，時間的展望というつながりを持った作業です。したがって，生い立ちの整理が上手く進んでいない子どもたちの中には将来のことに目

を向けるまでに準備が必要な子どもたちがいるのも事実です。

　しかし，私たちは逆に，過去のことに目を向けることができなかったけれども，CCPに参加して将来展望を育む中で少しずつ過去のことに目を向けるようになっていった子どもたちの姿も目にしてきました（具体的な例は第Ⅲ部を参照してください）。

　これは未来志向が強まり，時間的なつながりの中で安定した現在を送ることができるようになっていくことで，過去否定的な態度から過去肯定的な態度へと変化していくというZimbardoら（2012）によるTPTのプロセスと重なると考えられます。こうした子どもたちの姿からは，普段の生活の中から少しずつ将来展望を育むことに取り組むことによって，徐々にCCPに参加しようとする気持ちが醸成されてくると考えられます。

　また，子どもたちがCCPに参加しようとする時，最も大きな力になるのは「口コミ」です。例えば，ある施設では一定の年齢になるとCCPへの招待を受けます。その全員が参加するわけではないですが，参加した子どもたちは普段の関係の中で，友人や年少の子どもたちにCCPでどのようなことをしたのか，何が楽しかったのかを伝えます。数年間，そうしたことが続いていくうちに，「○年生になったから私もCCPに参加できるんでしょう」という声が子どもたちから上がってくるようになりました。新奇場面への不安が強い子どもたちも，参加した子どもたちの話を聴いたり，様子を見たりしているうちに少しずつCCPや将来のことについて考えることへの興味が高まっていくようです。これはCCPがグループ・アプローチの形態をとる1つの強みだと言えるでしょう。

　ところが施設では子どもたちがいつも生活を共にしていますが，里親家庭や貧困家庭等，異なる場所で生活している場合，「口コミ」の力を期待することができなくなってしまいます。この点については，様々な生い立ちに困難を抱える子どもたちを対象とした実践に広げていく際の課題だと考えています。第7章で里親家庭や支援機関においてCCPを実施することの意義等について触れていますので，参考にしてください。

④　CCPが目指す自立支援の全体像

　私たちは，CCPを基盤とした自立支援の体系化についても考えてきました。ここでCCPが目指す自立支援の全体像について紹介しておきたいと思います。

（ⅰ）「社会」の中で育む

　先述した通り，CCPは児童養護施設や里親家庭など社会的養護のもとで暮らす子どもたちに対する自立支援として開発されてきました。また，その背景には肯定的な時間的展望が描けないことやキャリア形成が進みにくい現状があることについても触れてきました。彼らの時間的展望やキャリア形成の問題は，彼らが持つ生い立ちの困難さの影響を強く受けていると考えられます。

　しかしそれだけでなく，施設や里親家庭という彼らが今，生活している環境の影響も受けていると考えられます。もちろん，施設や里親家庭では子どもたちの暮らしや育ちに必要な

図4-2　キャリア・カウンセリング・プロジェクト（CCP）を基盤とした自立支援の全体像

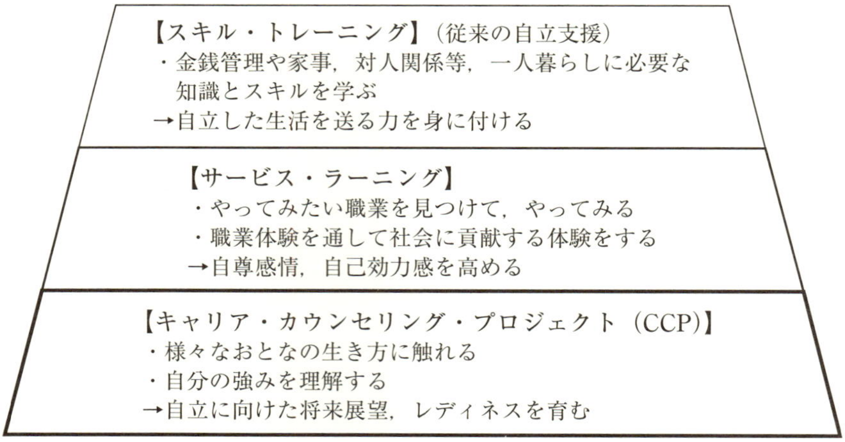

```
【スキル・トレーニング】（従来の自立支援）
・金銭管理や家事，対人関係等，一人暮らしに必要な
　知識とスキルを学ぶ
→自立した生活を送る力を身に付ける

【サービス・ラーニング】
・やってみたい職業を見つけて，やってみる
・職業体験を通して社会に貢献する体験をする
→自尊感情，自己効力感を高める

【キャリア・カウンセリング・プロジェクト（CCP）】
・様々なおとなの生き方に触れる
・自分の強みを理解する
→自立に向けた将来展望，レディネスを育む
```

養育を十分に提供しようと日々，努力が重ねられています。それでもマンパワーの不足等，十分とは言えない状況にあることは事実です。さらに，私たちは彼らの時間的展望やキャリア形成の問題は，社会的な影響も受けていると考えています。

　例えば，タイガーマスク運動に代表されるように施設の子どもたちに多くの寄付を頂くようなことがありました。春を迎える頃になるとたくさんのランドセルが届けられたり，クリスマスになるとプレゼントやケーキを頂いたりすることもあります。そうした支援は大変ありがたいものなのですが，施設で暮らす子どもたちが社会から「恵まれない子ども」，「かわいそうな子ども」として捉えられているという事実を施設職員として自覚する機会にもなります。

　子どもたちの多くはそこまで考えたりしないのかもしれませんが，そうした体験が子どもたちの中に自分たちは「恵まれない子ども」，「かわいそうな子ども」であるという自覚が意識的，無意識的に形成されていくことに繋がっていくのではないかと思います。寄付を頂くことはとてもありがたいことですし，寄付してくださる方たちは温かい思いを持ってくださっていることもとても理解できます。しかし，そうであるからこそ，もっと子どもたちの暮らしや育ちを支える力に変えられないか，ということも考えてきました。「物」による支えの他に，周囲の理解や精神的な支えも子どもたちには不可欠だからです。

（ⅱ）社会貢献の経験を持つ

　繰り返しになりますが，施設や里親家庭で子どもたちを育てることを社会的養護と言います。家庭で暮らすことができない子どもを社会的責任で養育するという意味が含まれていますが，私たちは施設の職員や里親だけでなく，もっと多くの方の力を「社会的責任で養育する」ことの中に取り入れていくことができないだろうかと考えてきました。

　「抽象的な作業や言語化することが苦手な子ども」に対する取り組みの中で，地域の方た

ちと協働して行った取り組みを紹介しています（コラム5，6参照）。この取り組みが目指したのは、単に職業調べや職場体験するのではなく、そうした体験を通して、社会に貢献する経験をするサービス・ラーニングの要素を取り入れることでした。サービス・ラーニングとは、社会の役に立ち、社会に対する責任を育てるような奉仕活動に従事することを通して学ぶことです。職業調べや職場体験が自らの職業的な知識や経験を積む機会であるのに対して、サービス・ラーニングでは子どもたちは職業的な知識や経験を積むと同時に、社会の役に立つということについても体験をすることができます。もちろん、こうした取り組みは容易なことではありません。子どもたちが社会の役に立つ体験をすることは容易なことではありませんし、企業にそうした取り組みを仕事の中に組み入れてもらうことも容易なことではありません。しかし、ランドセルやクリスマスケーキを送って頂くのではなく、その子どもたちに対する想いを、子どもたちの体験の機会として提供して頂くように理解を求めることも必要だと考えています。

　こうした考えをもとに、私たちは、CCPを基盤とした自立支援の全体像として図4－2のようなイメージを発展させてきました。CCPはそれだけで完結する自立支援ではなく、生い立ちに困難を抱える子どもたちが自立に向けて動き出すレディネスを形成する機会であり、その先に従来から行われてきた自立支援を始め、子どもたちのニーズに合った様々な自立支援が展開されていくことで子どもたちの自立に貢献できると考えています。CCPはこうした一連の自立に向けた支援を行うための土台づくりの取り組みであると捉えてもらえると良いかもしれません。

〔引用文献〕

Brendtro, L.（1997）Synergistic relationships: The powerful "SR" of re-education., Residential Treatment for Children and Youth, 15(3), 25-35.

堀正嗣・栄留里美（2009）子どもソーシャルワークとアドボカシー実践. 明石書店.

村山正治（2006）エンカウンターグループにおける「非構成・構成」を統合した「PCA－グループ」の展開－その仮説と理論の明確化のこころみ. 人間性心理学研究, 24(1), 1-9.

中村和彦（2008）アクション・リサーチとは何か？　人間関係学研究, 7, 1-25.

Quisenberry, C. M. & Robert, F.（2013）Resilient Youth in Residential Care Residential Treatment for Children and Youth, 30(4), 280-293.

Rogers, C（1986）A Client-centered / Person-centered Approach to Therapy In Kuash, I & Wolf, A.（Eds.）Psychologist's Casebook. Jessey-Boss, 197-208. 中田行重訳（2001）クライエント・センタード／パーソン・センタード・アプローチ. H. カーシェンバウム・V. L. ヘンダーソン編／伊藤博・村山正治監訳（2001）ロジャーズ選集（下）. 誠信書房, 162-185.

吉川麻衣子（2017）沖縄戦を生きぬいた人びと－揺れる想いを語り合えるまでの70年. 創元社.

Zimbardo, P, G. Sword, R, M. & Sword R, K, M.（2012）The time cure -overcoming PTSD with the new psychology of time perspective therapy. Jossey-Bass, San Francisco.

COLUMN 5

多機関や地域との協働による「おしごとフェスタ」

森岡　真樹

1　子どもたちの思い描く「将来の仕事」の実際

　皆さんは，子どもの時，『大きくなったら何になりたい？』と訊かれた時に，どんな職業を答えていたでしょうか？

　いろいろな仕事が掲載されている書籍として有名な村上龍著・はまのゆか絵『13歳のハローワーク』（2010，幻冬舎）の公式サイトで紹介されている人気の職業ランキングによると，2018年7月のランキングでは，1位：看護師，2位：プロスポーツ選手，3位：金融業界で働くが紹介されています。また，大手保険会社である第一生命は，毎年子どもの就きたい職業についてアンケート調査を行っていますが，2017年度のランキングでは，男の子は，1位：学者・博士，2位：野球選手，3位：サッカー選手となっており，女の子は，1位：食べ物屋，2位：看護師，3位：保育園・幼稚園の先生という結果が発表されています。この第一生命によるランキングは，10～20年前から，多少の変動はありながらも，上位1～3位に入る職業は変わっていないようです。

　一方で，施設で生活する子どもたちに将来就きたい職業について訊ねると，「施設職員」と回答する子どもが圧倒的に多いと感じるのは私だけではないと思います。自分の従事している仕事なので，「手本となる背中を見せることができている」，「子どもたちのために取り組んでいることが実を結んでいる」と感じて，若干の誇らしさを感じるのと同時に，子どもたちが目にしたり耳にしたりする職業が施設職員に留まってしまっている現状に，子どもたちに将来の選択肢を幅広く捉えるような支援を十分に行うことができていないことを反省します。「施設職員」と回答する子どもの他，保護者や兄姉が従事したことのある（もしくは，現在従事している）仕事を挙げる子どもも多いのが現状です。

　小学生の時期までは，偏った選択であっても，このようになりたい職業について素直な反応が得られることが多いですが，中学生になるとこのような将来の夢さえ口にしなくなってくる子どもが増え，高校生になると現実を見て「夢を見ない」子どもが増えてくるように感じます。残り数年で社会に出る（自立する）ことに直面した時に自立後の生活について現実的に考え始めると，「生活のための仕事」を消極的に選択していくようです。確かに，思春期の時期の発達としては健康的な発達プロセス（いつまでも夢を見ないで現実を見る）とも思われますが，それはあくまで「夢を見てきた子どもが，現実と照らし合わせながら目標設定を下げたり，努力経過も含めて目標を再設定したりする」プロセスが健康的であって，「夢を見る」ステップが不十分なまま自分の限界を決めつけて将来の幅を狭めてしまうことは，健康的ではないと思

います。

　子どもたちの輝かしい未来のためには，社会的養護の子どもが無限大に広がる未来を思い描き，自分の希望（目標）に向かって日々主体的に生活ができるようになる支援が必要であると思われました。

2 CCPの取り組みとの連動

（1）CCPに取り組んで

　3年間のCCPの取り組みを通して，参加した子どもに変化があり，「おとなになって○○になりたい」，「将来○○がしたい」，「○○を買ってみたい」など，将来就きたい職業だけではなく，おとなになった時の生活自体を楽しく思い描くことができるような子どもたちが増え，自分の人生を肯定的に描くことができるようになってきました。これは，CCPの取り組みを通して，今までに考えていなかった可能性豊かな自分の将来に目が向く（考える，思いを馳せる）ようになっただけでなく，自分の将来を他者に「表現」し，他者からのフィードバックを受けることによって，さらに自分の考えが深まるといった肯定的な循環が生まれたことによるものだと感じています。また，この変化はCCPの時間のみではなく，自然と日常生活の中でも職員との関わりの中で見られるようになってきました。過去よりも将来の希望についての話題が増え，以前に比べて明るい話題でのコミュニケーションが増えたように感じられます。

　しかし，その一方で，インケア中の高校生が中途退学してしまったり，退園生の就労が長続きしない現状があったりと，楽観視できない状態もありました。このような中途退学する子どもや就労が長続きしない子どもが共通して口に出していた言葉が「つまらない」，「どうでもいい」という，現在にも未来にも否定的・消極的な言葉だったことは印象的です。

（2）仕事の面白み（ワクワク感）・魅力

　学校教育におけるキャリア教育として，実際の仕事を体験する授業はありますが，限られた職種の中から選択せざるを得ないことや，授業の一環であることから，受身で臨んでいる子どもが多く，施設に帰ってきてからの感想は肯定的なものではなく「疲れた」が主なものでした。仕事の大変さを学ぶ必要性もあるとは思いますが，その仕事の面白みや魅力が伝わらないと，仕事に就くための第一歩を踏み出すことも難しいのではないか，このような体験だけでは社会的養護の子どもたちにとっては不十分ではないかと職員間で話をするようになりました。そして，その仕事に就いている人の生の声として，「職業選択のプロセス（なぜその仕事に就いたのか）」，「自分が選んだ仕事の魅力」，「その仕事に就くために必要な資格や学歴」などを直接聞くことで，少しでも楽しく未来を思い描き，選択幅を広く考えることができるようになり，仕事に就くための一歩を踏み出したいと思えるのではないかという考えが出てきました。

　学校だけでなく地域と協力した先進的なキャリア教育として，北九州キャリア教育研究会の夢授業，静岡県で活動している未来学校の未来授業という取り組みがあります。これは，地域

の様々なおとな（職業人）が自分の就いている（自分が選択した）仕事について子どもに話をするため，子どもにとって将来就きたい職業や自分の生き方のイメージを膨らませることに繋がる取り組みだと考えられました。

　しかし，社会的養護の子どもたちを育む取り組みとするためには，ただおとな（職業人）に話を聞くのではなく，社会的養護環境という特殊性に鑑みて，そのおとなたちに社会的養護の子どもについて知り，理解をして頂いたうえでお話をして頂くことが必要であるとも考えました。そこで，他団体が開催する取り組みに参加する形ではなく，子どもたちが生活している地域で活躍されている職業人に協力をお願いし，社会的養護の子どもに対して自分の仕事や自分の生き方についてお話をして頂く『おしごとフェスタ』を自分たちでつくっていくことにしました。

3 おしごとフェスタ

（1）多機関協働とライフワーカー

　社会的養護の子どもたちは，施設で生活する子どもたちのみではなく，里親家庭で生活する子どもたちも該当します。施設で生活をしている子どもと里親家庭で生活している子どもは，その生活環境に違いはあるものの，歩んできた生い立ちに困難さを抱え，育ちの課題を抱えていることに変わりはありません。そのため，法人内の児童養護施設のみではなく，隣接する市にある他の児童養護施設，地域の里親会にもおしごとフェスタについての案内をし，多機関協働のもとで，第1回おしごとフェスタを2018年2月に開催しました。開催に至るまでは，関係者で集まって数回の打ち合わせ会議を行い，日時や場所の決定，参加する児童，ご協力頂く地域の職業人の選定，当日を含めた開催に至るまでのスケジュール等，検討に検討を重ねて進めていきました。

　初の試みでしたのでスムーズに進んでいかないこともありました。特に難航したのが，地域の職業人への協力要請です。先述の通り，独自開催とした主たる理由は，地域の職業人の方に社会的養護を理解して頂くことであり，このおしごとフェスタの重要なポイントです。そのため，地域の職業人には協力要請の前段として社会的養護についての説明を聴いて頂く必要があるのですが，そもそも，"社会的養護"と聞いてすぐに理解をして頂ける方は決して多くありません。さらに子どもたちの現状を伝えたうえで取り組みの主旨を理解して頂き，協力の承諾を得ることは，殊更難しくなります。そこで，協力をお願いする地域の職業人に関しては，関係者が"よく知っている人物"という条件のもとで協力をお願いすることとしました。理由としては，1つに"社会的養護"についてすでに理解があったり，直接社会的養護の子どもと関わりをもったことのある職業人であるため，取り組みの主旨なども理解してもらいやすかったこと。もう1つは，その取り組み主旨の1つである，"職業人から生き方についての話を聴く"ことに通じますが，関係者がその職業人を知っていることで"ぜひ，子どもにこの人の生き方や考え方についての話を聴いてもらいたい"という人を選んで協力をお願いすることができることが

COLUMN 5　多機関や地域との協働による「おしごとフェスタ」

理由となります。

　ここまで，「生き方」や「考え方」を強調してきましたが，このおしごとフェスタで子どもたちに知ってもらいたい「生き方」や「考え方」は，「手本」や「模範」となるものではなく，「こういう生き方もあるんだ」，「こうやって考えても良いんだ」という子どもたちの選択の幅を広げるためのものです。仕事のみではなく「生き方」，「考え方」についても話ができる方は，自分の仕事に対してやりがいや生きがいを感じている方だと思います。私たちは，そういった職業人の方々を「ライフワーカー」と呼んでいます。

　関係者から各ライフワーカーに個別に協力をお願いしたところ，50名弱の方にご賛同，ご協力を頂けることになりました。こんなにも多くの方にご賛同・ご協力を得ることができたのは，一機関のみでの開催ではなく，施設や里親会等の多機関の協働のもとで進めてきたことによる成果であると考えます。開催日や会場，開催規模の関係もあり，初回は13名の方にご協力を頂くことになりましたが，50名近くのライフワーカーの方たち全員に「名簿登録」という形で，次回以降のおしごとフェスタの際や別の取り組みでの支援の際にご協力を得られるようにお願いをしました。

（2）おしごとフェスタ開催

　おしごとフェスタ当日は，ライフワーカーごとに1ブースを設置して，1つのブースで最大3人の子どもの対応をして頂く形式で実施しました。1セッション20分の中で3人の子どもたちと関わって頂き，それを3セッション行います。対象となる小学校高学年から高校生までの児童に対して事前に参加したいブースの希望をとり，可能な限り希望に沿った形で参加ブースについてのスケジュールを作成しました。そのため，3回のセッションの中には希望していないブースへ参加したセッションのある子どももいましたが，いろいろなライフワーカーの方の話を聴いてほしいというおとな側の希望もあり，子どもたちには納得のうえで参加してもらいました。

　どのライフワーカーの方も子どもたちへの伝え方について工夫や趣向を凝らして頂きました。実際の仕事道具を持って来て紹介したり，仕事の様子をデモンストレーションとして披露したり，体験させたりと"体験型"にポイントを置いたセッションを提供して頂いたブースもありました。また，子どもたちの考えや希望を聴きながら，ライフワーカーの方の生き方や考え方について熱く語って頂いたブースもありました。結果，どのブースも，子どもたちは楽しく仕事の様子を見学したり体験したり，ライフワーカーの方の話を食い入るように聴いていたりと，楽しく主体的に参加していました。運営スタッフとして参加した私も，ライフワーカーの方の話を聴き，各職業の知らなかった面を知ることができ，おとなとしても楽しく参加できる会となりました。

（3）おしごとフェスタを終えて

　参加後の子どもたちのアンケートには，「いろいろな職業のやりがいや苦労等，様々なこと

を知ることができた」,「沢山の仕事があって,その仕事1つひとつの良いところが知れた」,「仕事をするのに必要なものは,自分だけじゃなく,相手のことを考えることも必要だと改めて感じた」と仕事の内容のみではなく,仕事への向き合い方や就労するにあたって求められるものを考えたといった感想があり,おしごとフェスタの主旨通りの取り組みとなったことがうかがえました。加えて,次回のおしごとフェスタ開催を切望する子どももいたようです。

　また,ライフワーカーの方々にもアンケートや感想をお願いしたところ,「子どもに自分の仕事を伝えることを通して自分の仕事を振り返る良い機会となった」といった感想が多くあり,ライフワーカーの方にとってもご自身の生き方やご自身の仕事について「改めて見つめ直す機会」となったようで,次回以降の参加も希望されるライフワーカーの方もいらっしゃいました。もう1つ,ライフワーカーの方々からの感想で多かったのが,「楽しかった」というものでした。子どもにとっても,ライフワーカーにとっても,双方に学びのある楽しい取り組みとなったようです。

　一方で,今回の取り組みを通していくつか見えてきた課題もありました。第一に「職場体験の必要性」があります。この点は,おしごとフェスタを企画する当初から見据えていたものですが,今回の「話を聴く」,「デモンストレーションを見学する」といった体験のみではなく,実際に現場に訪れて,仕事そのものの体験に加えて,現場の雰囲気を感じながら同じ職場の方たちと関わり,職種によってはお客さんと触れ合うことも含めた仕事体験が,次のステップの支援になると考えています。第二に,子どもたちに様々な職業の存在を知ってもらうことです。開催後のアンケートで,子どもたちが「次回以降に話を聴きたい職種」として挙げてきたものは,そのほとんどが今回ご協力頂いたライフワーカーの方の職種でした。「興味はありながらも今回聴くことができなかったから」という理由も考えられますが,この結果からは,子どもたちの知っている職種や興味のある職種の幅が狭いことも同時に感じられました。

　今後も,おしごとフェスタの取り組みを継続する中で,子どもたちが自ら将来の幅を狭めることなく,無限大に広がる未来を思い描き,自分の選択した未来に向かって活き活きと日々の生活を送ることができるような支援へと繋げていけたらと思います。また,このおしごとフェスタの取り組みが,地域社会と社会的養護を繋ぎ,地域社会全体で子どもたちの暮らしや未来を育んでいくことに繋がっていくことを願っています。

第Ⅱ部

実践

第5章
キャリア・カウンセリング・プロジェクト（CCP）の実際

片山 由季

1 施設でCCPに取り組むことになった経緯

　私が大学教員である井出さんと初めてお会いしたのは，2011年12月9日でした。当時，井出さんが取り組んでいた「児童養護施設における心理職の活用に関する調査研究」において，たまたま知人の紹介により，私がインタビューを受けることになったのがきっかけでした。

　当初の予定では1〜2時間でしたが，朝9時から始まったインタビューは熱を帯び，最終的には4時間ほど話をしました。その時に話題の1つとなったのが，施設で暮らす子どもたちには将来の見通しがない，それなのに18歳からすぐに働かなければならない現実が迫っている，こんな状況では自分が何をしたいかやどんなおとなになりたいのかなんて考える余裕もない，だからとりあえず就職したとしても長続きするわけがない，いったいどんな支援をすれば彼らが自分の人生を選択できるようになるのだろうかといった内容でした。そして意気投合した私たちは，「いつか，施設の子どもの自立支援を考える取り組みを一緒にできるといいね」などと話していました。

　すると，その機会は私が思っていたよりもずいぶん早くに訪れました。翌2012年6月頃，井出さんから「三菱財団の助成金をもらえることになったので，施設の子どもたちを対象にした自立支援のプログラムを一緒につくれないだろうか」と声をかけられたのです。この話は，当時の悩める私にとって，まさに「渡りに船」のタイミングでした。

2 CCPの可能性にかける
（1）大舎制の時代

　私は2009年から児童養護施設で心理職として働いていますが，働き始めた9年前は，子どもたちとグループワークに取り組むといったことは考えられないような雰囲気でした。

　当時は定員85名の大舎で，大部屋に7〜8人の子どもが生活している時代でした。子どもの入所・退所も頻繁であり，毎日が戦場のようでした（もっとも，慌ただしいのは今も変わりませんが）。そんな中では，子ども一人ひとりと自立（その多くが就職という形での巣立ち）について十分に時間をかけながら，子どもの気持ちに寄り添って進路選択に付き合うことはできていませんでした。それでも，高校を卒業できるという見通しが立ち，退所後の住まいと仕事が決まれば，職員側は一安心して子どもたちを送り出していました。そして，身柄を送

り出してしまえば，気持ちのうえでも関わりはいったん終了し，すぐ次の子どもが入所してきて施設が子どもであふれ，またせわしない日常に戻っていくという流れが常でした。

（2）方向性を喪失する子どもの出現

ところが私が来て2～3年目，つまり2010～2011年の頃から，これまでの自立の流れに乗れない，新たなタイプの子どもが連続して現れ始めたのです。

今までももちろん，非行や怠学等によって中卒で就職したり，家庭引き取りになるケースは見られたのですが，それとは何か様相が違うように感じられました（かなり後になって，それは「深い方向喪失感」のようなものだったのではないか，と気が付いたのですが）。

最初は，高校生に兆候が現れました。中学は順調に通い，高校もなんとか入れたある子どもが，徐々に不登校になっていきました。これといった大きなトラブルがあったわけでもなく，当時，その原因はよくわかりませんでした。そしてこのあたりから，高校2～3年まで上がったのに急に失速し，学校に通いきれなくなって中退したり，在学中に妊娠して退所せざるを得なくなったりする子どもが続くようになりました。さらに，今度は中学生での不登校が複数名出てきました。その中には，物を壊すなどして暴れる，集団を率いて騒ぎを起こすような子どもも含まれていました。これだけでなく，集団万引き事件を起こしたり，施設から家出して数ヶ月間行方不明になる子どもも複数現れ，施設内は相当荒れました。自立以前に，施設で生活することができなくなってしまった子どもたちに対し，何をどう支援すればいいのか，悩み惑う日々が続きました。さらに，中卒・高卒を問わず就職が決まって自立して施設を出たものの，数ヶ月もしないうちに離職し，居所を転々とする子どもも続発して，単に生活上の支援だけでなく，「自立」に向けてもっと様々なことを伝え，心を育む作業が必要だったのではないかと悩み，深い徒労感とやるせなさを覚えざるを得ませんでした。

このような悪循環を食い止めるためには，できるだけ早い時期から時間をかけて，何か根本的な働きかけをする必要があることはわかっていました。進むべき方向を見い出せない子どもたちの心の内側に，なんとか将来の見通しを育てていくためには，具体的にどうしたらいいのか悩む一方で，施設全体でも「何かしなければ」という気運が高まっていました。

そんな2012年，井出さんから「一緒にCCPの開発に取り組んでみないか」という提案があったのです。

3　CCPで何を扱えば良いのか

とは言え，当施設としては初めての取り組みであり，しかも外部の人間を入れての定期的な取り組みをするということで，最初はかなり導入に慎重でした。三菱財団の助成が1年間だったので，とにかく2013年の1年間は続けてみようと考えていました。

まず実際に実施することとなる施設の理解を得るために，施設の管理職に向けて井出さんと共にプレゼンをし，意図や目的を十分に説明しました。次に，子どもと接する現場担当で

ある学童寮の主任と副主任，家庭支援専門相談員（FSW）を交えて，実際に取り組みを進めていくための入念な打ち合わせを行いました（これが後の「CCPワーキンググループ（WG）」となります）。

この打ち合わせ時に強く意識していたのは，「『部外者』が作成したプログラムを実施するという形にはならないように」ということでした。すでに出来上がっているメニューにただ参加するというのでは，子どもも職員も参加意欲が上がらないだろうし，すぐに飽きてしまいます。また，「やらせる」，「やってもらう」スタイルでは，職員が実施内容について積極的に関与する空気も薄れてしまいます。そうではなくて，『自分の施設の子どもたち』に今，必要だと思うこと・伝えたいことを"職員自身が楽しく，一緒に"学べる内容にしなければという思いがありました。

そこで，初年度（2013年）の実施に際しては，内容検討のために，職員全員にアンケートを行うことにしました。自立支援のために必要と考えられる項目を9項目挙げ，「CCPの中でテーマとして取り上げてほしいと思う順」に番号を振ってもらい，さらに自由記述欄を設けました。9項目の内容は，表5-1に示した内容の通りです。そしてアンケート結果の集計が表5-2，自由記述欄の内容をまとめたものが表5-3です。

アンケートでは「③進路シミュレーション（進学・就職含め，どんな選択肢があり得るのかを広く知り，そのためにはどんな手続きが必要なのかを学ぶ）」を取り上げてほしいとの意見が圧倒的でした。生活するうえでの具体的なスキルや知識を教えることはもちろん重要ですが，この結果からは，それより前の段階である「自分が将来，選択することができるかもしれない"可能性"について知る・考える」ことをCCPで扱ってほしいというニーズが職員から感じられました。

このように，アンケートの順位の高い項目を考慮しながらWGで内容を検討し，作成したのが2013年第1期生の活動内容です（表5-4）。第1期生は，職員から個別に声をかけ，誘いをOKしてくれた中高生男子6名というメンバーでしたが，職員側の不安をよそに，毎回，大いに盛り上がりを見せてくれました。

表5-1　アンケートの9項目

①簡単な性格検査
②簡単な職業適性検査
③進路シミュレーション（進学・就職含め，どんな選択肢があり得るのかを広く知り，そのためにはどんな手続きが必要なのかを学ぶ
④家賃・光熱水道費・食費・携帯電話代など暮らしにかかるお金の話
⑤保証人・不動産物件の探し方など住まいを借りることについての話
⑥ハローワーク体験など働く心得・仕事の探し方・勤務条件等についての話
⑦職業体験（現場実習）
⑧施設出身者で社会人になっている人から，苦労したこと・助かったことなど体験談を聞く
⑨施設出身者のための居場所（「日向ぽっこ」，「よこはまPort For」等）に実際に足を運び，退所後に利用できる社会資源・相談できる人について学ぶ

第5章 キャリア・カウンセリング・プロジェクト（CCP）の実際

表5-2　CCP構成内容についての職員アンケート2013年

	項目	1位	2位	3位	4位	5位	6位	7位	8位	9位
1	③進路シミュレーション	12	4	7		3		1		
2	④家賃・光熱水道費など生活費の話	5	6	4	3	1	3	1	4	1
3	②簡単な職業適性検査		5	2	6	2	2	2	4	4
4	⑥ハローワーク体験など	2	1	5	3	6	4	3	2	1
5	⑧施設出身者の体験談	2	2	4	2	2	8	4	2	1
6	⑦職業体験（現場実習）	3	2	2	5	2	4		2	3
7	⑤保証人など住居賃貸の話	1	2	2	5	5	3	2	4	4
8	⑨退園者の居場所・相談支援		4	1	2	3	2	8	4	3
9	①簡単な性格検査	4	1		1	3	1	2	5	10

（※順位を高く付けた人数の多い項目を優先して並べ替え）

表5-3　自由記述欄

- 他の項目の優先度は高いと思うが，④家賃・水道光熱費や⑤保証人の話は少ない時間でも入れてもらえば有効と思います。
- 一人生活体験（実習生室を利用）1泊2日～2泊3日。
- 社会人としてのマナー（挨拶の仕方・名刺の渡し方等）。
- 上記の9項目はどれも大切だと思うので，ぜひ行ってほしいです。それ以外には，コミュニケーション能力，人間関係について行ってはどうでしょうか。

表5-4　2013年・第1期生の活動内容（男子6名）

1	おとなはどうやっておとなになったのか
2	どんな仕事をして生きていきたいか考えてみよう（『新13歳のハローワーク』を使って）
3	自分の長所ってなんだろう
4	やりたい仕事と向いている仕事（『職業レディネス・テスト』の実施）
5	2ヶ月人生体験ゲーム
6	興味がある仕事をしている人たちの話を聞いてみよう
7	卒園した後の生活について考えてみよう（「ハローワーク」と「よこはまPort For」を見学）
8	キャリア設計（人生設計）をしてみよう
9	まとめと振り返り

4 子どもの様子から見た1年間のCCPの様子（第1期生の場合）

それでは第1期生の子どもたちがCCPでどんな様子を見せていたのか，表5-4の項目に基づいて，少し細かく触れていきたいと思います。

（1）おとなはどうやっておとなになったのか

男子フロアで長く子どもたちと生活を共にしている寮職員から，自分は小さい頃はどんな子どもで，どんな学生時代を過ごし，どういう経緯で今の仕事に就いたのか――「どのようにしておとなになったのか」という，自分史を語ってもらいました（第8章WORK1参照）。

子どもたちにとって身近なおとなであるにもかかわらず，案外知らなかった職員の「過去」に，みんな食い入るように耳を傾けていました。途中，「本当はこの仕事に自分は向いていないと思っている」，「もっと他の仕事がいいと思ったこともある」という話が出ると，子どもたちはびっくり仰天。しかし「それでもこの仕事で自分が持っている強みをみんなのために使うことができて，とても嬉しい」と聞くと，ほっと安心した様子を見せていました。その後の感想では，「最初は自分がやりたいと思った仕事じゃなくても，続けていくうちに変わることもあるんだね」ともらした子どももいて，近い存在である職員の話が深く心に響いたことがうかがわれました。

（2）どんな仕事をして生きていきたいか考えてみよう

『新13歳のハローワーク』（村上・はまの，2010）をテキストに，その中に書かれている興味や関心を示す言葉を一覧表にして，それぞれの子どもが持っている興味・関心にチェックを付けてもらいました。そして，それと関連する職業のページを読んで，仕事内容を調べてメモをとったり，その仕事について職員と話し合ったりしました（第8章WORK10参照）。

初めは「特に興味がない」と言っていた子どもも，職員が言葉の意味を説明したり，書いてある内容をさらにかみ砕いて説明すると，多少は具体的なイメージを抱けるようになったのか，少しずつ興味関心の間口を広げていく様子が見られました。また，職員が「この仕事，いいなあ」，「来世はこっちの仕事がいい」などと自分の感想を話すと，それを糸口にして会話が広がることもありました。子どもたちからは，「思っていた以上に（自分がなりたいと思ってきた）仕事は大変だと知った」，「よく考えてみると○○（自分がやりたい仕事）以外にも，やりたいものがあって驚きだった」といった感想が聞かれ，「仕事」について改めて考えてみる良い機会になったようでした。

（3）自分の長所ってなんだろう

この回では，あらかじめ準備した「長所」に関する質問紙を用いて，自分が持っている強みを自己評価してもらいました。また同時に，子ども自身が「自分のどこに『長所』があると見ているのか知りたい」と思うおとな（職員）に同じ質問紙を渡して回答してもらいまし

た。そして「自分が思っている自分の長所」と「他者が思っている自分の長所」を比較し，その差違や一致について理解するというワークを行いました。

子どもたちは自己評価より，おとな（他者）がどのように自分を評価しているのかということに強い関心を示しました。特に「自分が長所とは思っていない」にもかかわらず，「おとなは長所だと思っている」項目については，「自分にこんなにたくさんの長所があってびっくりした。自分にとってすごく嬉しいことがたくさんあった」という感想が聞かれるなど，肯定的な感触を得ている印象を受けました。一方，自分が思っているほど他人には評価されていない部分については，なぜそうしたズレが生じたのかについて考えてみることや，回答した職員に尋ねてみるよう促しました。

（4）やりたい仕事と向いている仕事

『職業レディネス・テスト』（独立行政法人労働政策研究・研修機構，2006）を実施して，職業への適合性と職業レディネス等の測定をしました。結果は個別にフィードバックし，その後にお互いにシェアし合う時間を取りました（第8章WORK 9参照）。

テストにそれなりの時間を要するため，回答し終わるまでに疲れ果ててしまう子どももいましたが，一転，フィードバックの際には結果がかなり細かく出るため，どの子もよく集中して聞いていたように思います。様々な領域における職業への興味や志向性，自信等の程度がわかると，「結果が意外と自分に当たっていた」，「自分のことがはっきりしたのでそれに向かってがんばりたい。次回もよろしくお願いします」といった，前向きなコメントが見られました。

（5）2ヶ月人生体験ゲーム

2ヶ月人生体験ゲームは，子どもたちが施設を出て実際に仕事を始め，生活し始める時に遭遇するであろう様々なライフイベントをゲームを通して体験するとともに，生活の中で必要となる経費の管理をシミュレーションすることを目的に，オリジナルで作成したものです。その名の通り，就職してからの2ヶ月間の生活をすごろく風に仕立ててあり，1ヶ月目は1日1マス，2ヶ月目からは1週間単位でイベントが展開していきます（イベントには冠婚葬祭等も含め，必要なマナーなどミニ知識を織り込んであります。第8章WORK 8参照）。

タカラトミー社の『人生ゲーム』はおそらく誰もが知っているボードゲームだと思います。2ヶ月人生体験ゲームは名前こそ似ているものの，内容は大きく異なります。しかし，ゲームの要素を取り入れたことで子どもたちにも馴染みやすく，また働きながらの一人暮らしを仮想体験できるとあって，大いに盛り上がりました。単純にゲームとして「楽しい」という感想はもちろんのこと，「選んだ家賃が少し高かったので，もう少しちょうどいいものを選びたい。お金の使い道をしっかり決めていきたい」，「ゲームをやっていてお金にも困ったし，まだ全然知らないことがいっぱいあった。将来自分がどう生きていけるのか不安になった」

といったリアルなコメントもあり，ゲーム仕立てでありながらも，子どもたちが一人暮らしの生活イメージをつかむことのできた様子が感じられました．

（6）興味がある仕事をしている人たちの話を聞いてみよう

上記4（4）の「やりたい仕事と向いている仕事」で子どもたちが選んでいた興味のある職業に就いている人たち（漫画家，建設業，税理士・公認会計士，新聞記者，飲食店経営の6人）を実際に施設に招き，仕事について15分程度話してもらいました．緊張していた子どもたちも，話を聞くうちに気持ちがほぐれ，仕事についての質問をするなど積極的で和やかな雰囲気となりました（第8章WORK10参照）．

「来てくれた人たちの話を聞いてほっとした．これからもがんばって生活して将来に役立てたい」，「この職業に就くためにはどうしたらいいのか，何をがんばればいいのかがよくわかった」といった感想も聞かれました．こうした活動は，後に地域資源を活用しながら子どもたちの自立に取り組むことを実現していく動きにつながっていきました．

（7）卒園した後の生活について考えてみよう

今までCCPで学んだことをもとに，実際に仕事を探す方法について学んだり，卒園した後に相談できる「居場所」を体験するために，1日出張に出かけました．ハローワークの訪問と，NPO法人ブリッジ・フォー・スマイルが運営する「よこはまPort For」の見学です．CCP初の出張だったのと，めずらしく電車で出かけたこともあり（公共交通機関を使うことで，施設からどれくらいの距離にあるのかを体感してほしかったのです），子どもたちは大興奮でした．ハローワークでは求人端末を操作させてもらったり，よこはまPort Forでは利用方法を説明してもらったりと，新鮮な体験をしたようです．感想には，「どこの場所も何か心配事があればいつでも行ける場所でよかった」，「ここ（NPO法人）に来てみたい！」などとありました（第8章WORK14参照）．

どのような地域資源があるかについて，おとなは知っていても子どもたちはよく把握できていないことがあります．あるいは，連絡先等が記してあるカードやチラシをもらっていても，実際に初めて一人で行くのはずいぶんとハードルが高いことですので，このように，どのような場所に，どのような人がいるのかを体験してもらうことは大切だったようです．

（8）キャリア設計（人生設計）をしてみよう

これまでCCPを通して取り組んできたことの総まとめとして，これからどのような人生を送りたいか，人生設計を立ててみることにしました（第8章WORK 6参照）．

最初に，これからの人生で起こり得そうなライフイベント（例えば就職，進学，結婚，出産，免許取得，家を建てる等々）を子どもたちから挙げてもらい，それらを踏まえて，自分がこ

れからどのような人生を歩んでいきたいのか，「天国」をゴールにして自由に書いてもらいました。実現すべきではなく，自分がこうなりたいという理想の人生設計を立てるようにしてもらうと，かなりバラエティに富んだプランが並びました。なお，子どもたちだけでなく参加している職員もトライしたのですが，子どもたちの豊かな発想に比べ，おとなの方は発想が貧困な人生設計になってしまったのは，なんとも恥ずかしい限りでした。

子どもたちからは，「自分の人生をつくれてよかった」，「楽しかったし，いろんなことに気付くことができた」，「現実を思い知ったけど，諦めない」といった声が聞かれました。

（9）まとめと振り返り

最終回は，前回（8回目）につくったそれぞれの人生設計をシェアし合うとともに，これまでのCCPでどんなことをしてきたかを振り返りました。

子どもたちはお互いの人生プランに，興味深く耳を傾けていました。

これまでのCCPを振り返る中で，ディスカッション等の様子を写真で映すと，「あの時はこう思った」，「この時はこんなことをした」など，思い出話に花が咲き，全体を通して「1年間はあっという間だったけれど，色々体験できて楽しかった」と感じている様子がうかがわれました。

最終回の感想では，「人生設計の発表が面白かった」，「色々考えられてよかった。このキャリアを生かしてがんばります」，「今までやっていてよかったなと思った。昔の自分（と比べて，最終回の方）の心変わりがすごいと思った」，「すぐ終わってしまったけれど，すごく役立ったし，楽しかった」といったコメントが書かれていました。

第1期生の子どもたちの反応が思いのほか良かったので（終了時には「来年もやるなら参加したい」という子もいました），これなら今後も継続してやれるのではないか，という手応えをつかむことができました。

実施前には，グループワークということで，子どもが他の子どもの取り組みをからかったり，批判的なコメントをしたりするリスクを懸念していましたが，いざ取り組んでみると，そうしたことが起きなかったことにも驚かされました。そこで次年度は女子も含めて実施しようと，2014年は職員の声かけではなく，ポスターをつくって学童寮各階に掲示し，参加者を募集しました。

おとなも子どもも楽しくやるCCPなので，あくまでも参加は自由意思（ただし，出るからには1年間継続する）というCCP参加の大原則がここで固まりました。

5　ワーキンググループ（WG）側からみたCCPの準備（第4期生の場合）

2013年から毎年実施してきたため，4回目（第4期生の場合）ともなるとWGによる打ち合わせや振り返りはずいぶんスムーズになってきました。しかし，それでも毎年参加メンバーが決まると，顔ぶれを見てNGな組み合わせがあればグループを分けたり（これは非常に重

要な作業です），知的な理解のレベルに合わせて実施内容を考慮したりと，考えるべきことはたくさんあります。

そこで実際にWGがどのように準備を進めているのか，第4期生を例にできるだけ現場の目線で説明していきます。施設の中でCCPを実施するにあたって，職員の方々がどんなタイミングで，具体的に何をすればいいのかを知って頂ければと思います（表5-5参照）。

表5-5　具体的な段取り

1	メンバー募集
2	期間・時期に応じたグループ分け
3	グループごとの活動内容決め
4	年間スケジュールの決定
5	各回の準備（資料作成・アポイントメント等）
6	実施
7	振り返りと次回の打ち合わせ（以後，5～7の繰り返し）

（1）メンバー募集をかけたら，15名も集まっちゃった!?

2016年2月12日に第3期生のCCPが終了し，一息ついたのも束の間。すぐに第4期生が取り組む内容を検討しなければ，ということで，約3週間後の3月3日の15時からWGで打ち合わせを行うことになりました。

毎年，年度替わりの打ち合わせ約2時間の間に，グループのメンバーと1年間のおおよその予定を決めますが，この年は大きな懸案事項がありました。例年通り3月上旬に次年度のCCP参加募集をしたところ，15名（男8名・女7名／中学生13名・小学生2名）もの子どもたちから参加の希望が集まったのです。これまで3年間CCPを継続しているため，中高生の間で「あれはけっこう面白い」，「中学生になったらやるんでしょ？」（参加は基本的に中学生以上，年度によっては小学校6年生を受け入れる場合もあり）と口コミが広がっていたこと，連続参加を希望する「リピーター」が出現してきたことなど，理由はいくつか考えられましたが，第1回目が6名，2回目が10名，3回目が6名という中での15名もの参加希望者にどう対応するのか，現実的には大きな問題でした。こういった場面では，CCPを進めていくうえで，施設内の様々な調整を担うWGの役割がとても大切なのです。

先述の通り，希望参加を大前提としているCCPですので，まず，参加を断ることはしたくありませんでした。しかし，10名が参加した第2期生（2014年度）の時，2グループに分けて19時からと20時からの2回，連続してプログラムを実施した際の経験から，3グループに分けて1日3回のCCPに取り組むことは時間的にも体力的にも不可能だと感じていました。

2グループ連続するだけでも，すでに体力・気力の限界だったのです（毎回子どもたちが弾けて楽しんでくれる分，おとなのエネルギーはずいぶん失われていくのでした…）。

さらに，15名のメンバー間の知的能力の開きが大きいことも課題でした。希望者の三分の一の子どもが小学校・中学校において個別支援学級（支援級）に在籍しており，通常学級（通常級）の子どもたちと同じテンポ・同じ内容で進めていくことは難しいと思いました。さらに，通常級の子どもたちの間でも「組み合わせNG」が2組ありました。壊滅的に仲の悪い女子A・B・C・Dの4名（当時はA vs B・C・Dに割れていて，BとCはCCPの「リピーター」でもありました）と，男子Eにご執心な女子Bの組み合わせです。これらのメンバーを一緒にしてしまうと，集団の雰囲気が悪くなり，グループ活動を続けられない可能性が大でした。

この年代の子どもたちのグループワークをする時，こうしたグループの編成がとても重要な意味を持ちます。数的には3つに分けるのが妥当でしたが（経験上，職員が寄り添って十分にワークができるのは，1グループ6名までが上限人数），3グループ連続では身が持たない，というのが第一の関門でした。

（2）時間・時期に応じたグループ分け

そこでたどり着いたのが（およそ1時間半かけて検討しました），「3つのグループに分けるが，同時に実施するのは2グループまでにする」という窮余の策でした。つまり，1年間の1グループと，前期・後期の半年間ずつの2グループをつくったのです。

まず，通常級の女子B・C・D（うち2名がリピーター）に通常級の男子2名を加えたグループ❶（5名）を，1年間活動する年間グループとしました。そして，通常級の女子Aと年の離れた女子3名（うち2名がリピーター）を加えた4名をグループ❷とし，こちらは前期半年間の活動グループとしました。そして最後に，支援級の男子5名に男子Eを加えた6名をグループ❸として，これを後期半年間の活動グループとしました（表5-6参照）。

（3）各グループでの活動内容を決める

各グループのメンバーが決まった後は，比較的さくさくと話が進みました（表5-7参照）。

表5-6　グループ構成

グループ❶ （1年間・男女混合）	グループ❷ （前半期・女子のみ）	グループ❸ （後半期・男子のみ）
・女子B・C・D　3名 　（うち2名がリピーター） ・男子　2名	・女子A　1名 ・Aと年の離れた女子　3名 　（うち2名がリピーター）	・男子E　1名 ・個別支援学級男子　5名 　（うち2名がリピーター）
計5名	計4名	計6名

まずグループ❶の活動内容はメンバーの半分以上が初参加者で、理解力もある程度そろっているため、今まで続けてきたオーソドックスな内容を踏襲することにしました。また2年連続参加のリピーターが2名いるため、昨年の第3期生の活動とはなるべく重複しないように（第2期の内容を主軸に）ということを意識しました。

　次にグループ❷は、連続参加3年目という筋金入りのリピーターが2名いるため、今までやったことのない冒険をしてみようということになりました。それがCCP初の県外出張、すなわち井出さんの職場である「静岡大学訪問」でした。たまには子どもたちを連れてうんと遠くに行ってみたい、せっかくなら大学を知るということを兼ねて静岡大学まで行っちゃおう！　そして、大学のゼミ教室で人生ゲームをやって最終回としたら、きっと一生の思い出になるのではないか――といったおとなの「ノリと勢い」で、ほぼこのグループの活動内容は決まりました。とは言え、大学という場所に行ったり大学生と直に交流することで、就職だけでなく、進学ということについても考える機会になるかなというねらいも含んでいました。

　最後のグループ❸が難題でした。10名参加した第2期生のリピーターが2名含まれていたのですが、第2期生の2グループのうち1つは支援級在籍者が多く、座って取り組む活動になかなかついていけなかった、という経験があったので、今回は「体験」をメインにした内容にすることにしました。つまり、「プチ職業体験」です。地域の中小企業に依頼して、職場見学や職場体験をすることにしました。

表5-7　2016年・第4期生の活動内容（男女15名）

	グループ❶　男女混合（5名）		グループ❷　女子（4名）
1	おとなはどうやっておとなになったのか？	1	おとなはどうやっておとなになったのか？
2	6人の人生	2	大切にしたい価値観
3	強みの整理のワーク	3	いろいろな職業（興味のある職業探し）
4	自分について理解しよう	4	6人の人生
5	3・4回目の結果について個別説明	5	静岡大学訪問／2ヶ月人生体験ゲーム
6	大切にしたい価値観		グループ❸　男子（6名）
7	履歴書の書き方	1	おとなはどうやっておとなになったのか？
8	2ヶ月人生体験ゲーム	2	八日会のお仕事体験に参加
9	人生設計	3	職業調べ
10	まとめと振り返り	4	職場体験（3ヶ所に分かれて体験実習）
【実施期間】グループ❶：4月〜2月　　　　　　　　グループ❷：4月〜9月　　　　　　　　グループ❸：10月〜2月		5	職場体験の発表
		6	まとめと振り返り

第5章　キャリア・カウンセリング・プロジェクト（CCP）の実際

（4）1年間のスケジュール
（ⅰ）日程決め
　CCPは月1回／年間10回（3月と8月は休み。この2つの月は施設の行事が立て込む時期ですので，行事に専念すると第1期生の時に決めていました。なお，このあたりのスケジューリングは各施設の事情によって変わってきます），金曜の①19時・②20時（曜日を固定しているのは中学生の塾と重ならないようにするためで，時間帯は部活動終了後に参加できるように設定）に実施するという枠がこの施設では決まっているので，施設の年間行事を考えながら（前年度を参考にして），1年間の日程をあらかじめ決めてしまいます。取り組む内容にはその都度，修正を加えるとしても，日程は最初に決めておくというわけです。
　このように，年度頭に予定を立てておくことは，施設の職員にとって勤務を組みやすくするだけではなく，いつまでに何を準備しなければならない，という意識をしっかり持つことができるため，とても重要なことです。そして何より，子どもたちに「将来の見通し」をつかんでもらうための取り組みなのですから，まずはおとなの方が「1年間の見通し」を持っていないといけないというわけです。

（ⅱ）課外活動等の調整
　施設外に出張するようなものは，土曜丸一日かけて出かける可能性が高いため，比較的施設行事の少ない9月・10月・11月で予定を組むことにしています。この時期，運動部に入っている子どもたちは試合等が入る可能性もあるので難しい面もありますが，可能な限り，メンバー全員が参加できるような日程を模索します。
　2ヶ月人生体験ゲームのように時間がかかるもの（2～3時間）は金曜夜には実施できないため，休みの日の午前中を当てます。そのような形で考えていくと，概ね4～7月は施設内での活動に取り組み，秋は外に出かけ，12月からは施設内でまとめの作業に入っていく，というような流れになります。
　ハローワーク等外の機関に見学に出かけるものは先方の都合もあるため，早めに日程調整を行います。夏休み前には下打ち合わせが終わり，依頼文を送付できる状態になっているのが理想的です（第8章WORK14参照）。
　なお，児童養護施設退所者等アフターケア事業（いわゆる退所者の居場所支援）を行っている機関等への見学依頼はスムーズに行えます。神奈川県であれば，NPO法人ブリッジ・フォー・スマイルが運営している「よこはまPort For」や，社会福祉法人白十字会林間学校が運営している「あすなろサポートステーション」がありますが，こちらは元々事業として在園生向けの出前講座や見学会等を行っているので，まずは問い合わせて相談してみると良いと思います。
　最後に職場体験についてです。これは地元の商工会議所に相談するのがオーソドックスな方法ですが，もっと単純な方法もあります。まずは自分の施設に出入りしている業者の方に声をかけてみる，ということです。施設には，実にたくさんの地元企業が関わっています。

食材を搬入してくれる八百屋さん，設備の修理に来てくれる工務店さん，子どもたちの髪をカットしてくれる美容院や床屋さん等は長く施設に関わり，そこで暮らす子どもたちのことを知っているので，もうすでに，施設の潜在的な理解者であるとも言えます。このような方々に相談して尽力を願うことは，とても有効な手段であると思います（コラム6参照）。

（5）各回の準備として

メンバー，グループ，内容，日程が決まると，いよいよ子ども一人ひとりが用いるファイルを準備します。

CCPでは各回ごとに子どもが感想を書き，それに対して様々な職員がコメントを書いてフィードバックしていくため，それらの用紙や配付資料を綴じておくためのファイルが必要になります。このファイルはその年のCCPが終了すると各自（子ども）に返却されますが，それまでの期間は，職員と子どもたちの間を行ったり来たりしています（ファイル内容の詳細は第8章を参照）。

ちなみに，私はファイルを購入する際，参加する子どもたちの様々なイメージを思い浮かべて，なるべくそれに合ったカラーのファイルを購入するようにしています。プロジェクトの第1回目に自分のファイルを配られたとき，気に入った色だと喜んでくれる子どもがいると，こちらも嬉しくなります。反対に，この色は自分の好みではないと言う子もいますが，こんなイメージであなたにこの色を選んだのだけれどどうかな，と伝えると，「ふぅん」と（一応は）受け入れてくれます。「あなたのことを思い浮かべて準備した」というところから，CCPはすでに始まっているのではないかと思います。

（6）グループ活動での思い出

最後に，第4期生のCCPで印象に残っていることを各グループごとに簡単に述べたいと思います。

（ⅰ）グループ❶

グループ❶は，中学1〜2年生男女が中心だったため，全体的にきゃぴきゃぴとした雰囲気で進みました。具体的に将来を考えたことがないと言う子どもも興味津々な様子で1つひとつの活動に取り組んでいました。特に，年度の後半，今までやったことを参考にしながら「自分の履歴書」を書いてみようという活動では，四苦八苦しながらも一生懸命自己PR欄を埋めている姿が印象的でした。自己PRがとても苦手な子どもが多いのが常だったのですが，今回は性格検査や強み探しの結果に基づいて，少しだけ自信を持って書くことができたように思います。

（ⅱ）グループ❷

グループ❷は3年連続のベテランリピーターが2名もいたため，ある意味ではその2名がファシリテーター役を担ってくれた面もあり，毎回騒がしいほどに盛り上がりました。最終

回の大学見学では，子どもたちは見るもの聞くものすべてに反応し，思ったこと・感じたことを率直に話してくれたため，おとなも新鮮な感動を覚えました（例えば，「大学，広すぎだよ！ なんでこんなに広い必要があるの？」，「学校の中に馬がいるよ！」，「休みの日なのに勉強している人がいるなんて」，「図書館，デカッ」とか，今まで知らなかったことを知り，無邪気に喜ぶ姿がそこにはありました）。確かに，施設出身の子どもたちが大学進学できる可能性は，現実的には高いとは言えません。しかし，「たぶん無理だから」と最初からその選択肢を除けてしまうのではなく，「世の中にはこういう学校もあるんだ」，「大変そうだけど，行くことができるかもしれない」と知ったうえで，それでも最終的に「でも私は，○○と考えたから働くことにする」と決めることができれば，それは十分な自己選択・自己決定のプロセスなのではないか，とも感じました。

（ⅲ）グループ❸

グループ❸は，子どもだけでなく支援者であるおとなにとってもためになる職場体験でした。私は大工さんが実際に家を建てている現場と，ガソリンスタンドの2つの現場に同行したのですが，特に建設中の家に入らせてもらえる機会などめったにありませんので，子どもたちと一緒になって大興奮してしまいました。木切れをもらって釘打ちをしてみましたが，上手くできず，子どもに「片山さん，意外と下手だね…」とダメ出しされたことも，今となっては良い思い出です。

このように，CCPは子どものために行っているものではありますが，おとながその体験を共有するプロセスそのものも，子どもに大きな影響を与えており，重要な意味があるのではないかと考えています。

6　まとめ

この章では，CCPの取り組みが行われている現場（児童養護施設）の実際について，WGの動きを交えながら紹介しました。

もちろん，取り組む場所が替わればここに紹介した内容も異なったものになります。ただ，WGの準備の進め方や職員がどのような役割を担うのか，子どもたちの取り組み方についての大枠はイメージしてもらえたのではないかと思います。参加する子どもたちの人数や状態，これまでに行われてきた自立支援の内容等を考慮して，それぞれの施設，支援機関でCCPに取り組んでもらえればと思います。

特にWGが事前の準備を進める過程では，施設や支援機関で行われている自立支援の現状についての整理や課題の洗い出し等を行うことになります。また，参加する子どもたちの見立てをする場にもなります。CCPの成否はWGの事前の準備にかかっていると言っても過言ではありません。ぜひ，丁寧に取り組んでみてください。

COLUMN 6

地域と協働した「お仕事体験」

片山　由季

　2013年から3年間CCPを続ける中で，課題として感じるようになってきたのが，子どもたちの「体験不足」でした。アンケート調査で読み取った施設職員のニーズから，「進路シミュレーション」を軸に考えながら展開してきたCCPですが，施設で暮らす子どもたちはおしなべて社会的経験が乏しいため，学んできたことと，実際の社会での動きを上手くつなげて考えることができなかったり，あるいは「働く」ということの具体的なイメージをつかむところまで至っていないのではないかという感触を抱くようになりました。

　そこで，CCPの中で子どもたちが実際に興味を持った仕事や職業を体験できるような取り組みをできればと考えたのですが，現実には金曜夜の時間帯にそれを実施することは難しく，どういう形で機会を持てばいいのか悩んでいました。職業体験自体は，地元中学校でも2年生になると授業の中で「チャレンジワーク」という時間を持つため，全くできないわけではなかったのですが，もう少し内容の深いものをやってみたいという思いもありました。

　そんな時，偶然にも地元で建設業を営む（株）長谷川洋工務店の長谷川さんから声がかかりました。2016年2月，ちょうど第3期生のCCPが終わり，3月に第4期生のプログラムについて検討しようとしていた時期でした。

　長谷川さんは「横須賀青年八日会」（以下「八日会」）という，神奈川県横須賀市内で中小企業を経営する若手経営者の集う団体に所属され，2016年度幹事に就任されたところでした。八日会の活動目的の中に「地域社会への貢献」があり，その1つの形として，施設で暮らす子どもたちに何らかの職業体験的なもの（具体的には，施設の園庭に出張ブースを複数出すような形）を提供できないか，と提案してくださったのです。

　私の施設では2014〜2015年にかけて大規模改修工事を長谷川工務店さんにお願いしていました。長谷川さんにとっては，この時初めて施設で暮らす子どもたちの生活に触れたといいます。工事のために毎日施設に通う中で，会うと元気に挨拶してくる子ども，作業の様子をじっと見ている子ども，何をしているのかと聞いてくる子どもの姿が非常に印象に残り，何か力になれることがないだろうか，と考えるようになったのだそうです。また同時に，長谷川さんのお子さんが中学生になり，先述の「チャレンジワーク」を体験したことで，この年代の子どもたちにはそういった職業体験がとても重要なのではないか，と感じたとのことでした。長谷川さん自身「大工の息子に生まれたので大工になることしか考えていなかったが，自分の子どもの職業体験の話を聞き，もし小さい頃にそういうことを体験できていたら，自分の進路選択も変わっていたのかもしれない」と思ったのだそうです。

　これ以上ないタイミングでのお話でしたので，即，ご協力をお願いすることにしました。八

COLUMN 6　地域と協働した「お仕事体験」

日会には当時，38業種40名以上の会員が参加されていたので，これだけたくさんの地元企業の方たちの助力を得られることは本当にありがたいと思いました。ここから，八日会との調整は長谷川さんを窓口に進めていくこととなりました。実際の企画を考えるにあたっては，施設の子どもたちの特徴についてかなり詳しくお伝えし，検討を重ねています（表5-6-1）。

そして何度も話し合いを詰めた結果，体験できる内容は「園庭巨大迷路の設営と探検」，「ペンキで自由にアート」，「美容師のヘアメイク見学とカットモデル」，「車の正しい洗車方法」，「生コンクリートにみんなで手形」，「カレーづくり」，「ショベルカーの操縦方法」の8種類となり，10月8日当日のスケジュールは表5-6-2のようなものになりました。

子どもたちはあらかじめ，自分が体験したい職業の希望を出しておき，当日は個別に渡された「お仕事スケジュール表」に従って体験に参加しました。あいにくの大雨だったにも関わらず，おとなと子ども含め100人近い人数が参加し，施設は熱気に包まれました。その後の昼食会でも，子どもたちは積極的に八日会の方たちに声をかけ，仕事内容のこと・お店のことについて尋ねるなど大いに盛り上がり，成功裏にイベントを終えることができました。その様子は，翌週の神奈川新聞にも掲載されています（図5-6-1）。

後日，参加した子どもと職員に実施したアンケート（図5-6-2，図5-6-3）でも，確かな手応えを感じることができました。このような体験の場がいかに重要であるか，また，地元の企業とつながりを築くことの大切さを強く感じることのできた経験でした。

（なお，本文第5章中で紹介したCCP第4期生のグループ❸は，八日会に所属する企業にお願いし，2016年後半期の職業体験をさせて頂きました。建設現場，ガソリンスタンド，美容院の3ヶ所に半日程度，職員付き添いのもと少人数で訪問し，簡単な実習を行っています。このための事前準備やまとめの作業が，グループ❸のメインの活動になりました。）

表5-6-1　子どもの特徴の説明例

- 細かい説明がなかなか理解できないので，写真や映像，仕事道具や作業着等を持ってきてもらい，実際に触る・作業するなど体験中心の形が望ましい。
- 長い時間だと集中力が持たないため，最初の説明を含めたとしても，1時間30分〜2時間程度の活動が限界である。
- 体験は午前中に行い，その後の昼食は交流の時間にして興味のある子どもは引き続き体験できるようにするなど，ゆるやかな終わり方が望ましい。
- 土曜の昼間だと中高生の参加は多くないかもしれないが，幼児・小学生は概ね参加できるため，施設全体のイベントとして実施したい。

表5-6-2　お仕事体験全体スケジュール表

	8時	8:15	8:30	8:45	9:00	9:15	9:30	9:45	10時	10:15	10:45	11時	11:15	11:30	11:45	12時	12:15	12:30	12:45	13時
会場準備（シート敷設・必要ならテント等）	～9:00までに職員舎で準備																			13:00～撤収
八日会担当者集合（10名程度）																				
八日会受付			マイク準備																	
例会（八日会メンバー）							9:30～10:15 例会													
施設より八日会の方への説明									10:00～10:15											
担当職員・子どもたち集合										10:15～10:25										
迷路担当職員、設置で集合										10:25～10:30										
子どもたちへの注意事項説明																				
閉会・迷路クイズ正表表彰式																12:00～12:15 一言園長あいさつ				

◆役割分担◆
- 全体説明：▲山
- 全体進行管理・ビデオ撮影：片山
- タイム計測＆スケジュールカード管理：▲山
- 全体写真撮影：▲畑
- 外部見学者対応：井出(静岡大)
- 八日会担当：長谷川さん（長谷川工務店）

砂場体はいつでも参加可能　クイズ挑戦は10:30～11:45まで

	担当	10:15	10:45	11:15	11:30	11:45
①巨大迷路設置・設置（担当：○口さん）8人	担当：弁当	子ども8人				
②プロカメラマンで8目撮そう（担当：○山さん）12人	ペン担当（▲尾、▲江）	1回目 子ども15人	子ども7人		子ども7人	
③ベンキ塗って自由にアート（担当：○波さん）30人	迷路担当（▲田）					
④巨大迷路・体験（担当：○口さん）28人	実車担当（▲岩、全体）	1回目カット 子ども4人	2回目カット 子ども3人	3回目カット 子ども10人	子ども4人	迷路体験のみ自由参加
	法事担当（十人原）	1回目ロット巻き 子ども5人	2回目ロット巻き 子ども5人		2回目A 子ども4人 3回目ロット巻き 子ども6人	4回目A 子ども4人 3回目ロット巻き 子ども5人
⑤実車時のヘアメイク見学・カットモデル体験（担当：十人原）18人	手形担当（▲橋）				2回目B 子ども5人	
⑥楊の正しい洗車方法（担当：○口さん）13人						
⑦生コンクリートにみんなで手形（担当：○橋さん）12人	調理担当（内、○澤）	子ども7人	子ども5人			閉会式・表彰式・全体記念撮影
⑧カレー作り（担当：○食・○尺さん）6人	ショベルカー担当：▲村	調理子ども7人				
⑨ショベルカーの操作方法（担当：○野さん）12人						

10:30	1人	
10:35	1人	
10:40	1人 ◆	
10:45	1人	11:00 1人
10:50	1人	11:05 1人
10:55	1人	11:10 1人
11:15	1人	11:30 1人
11:20	1人	11:35 1人
11:25	1人	11:40 1人
11:45	1人	
11:50	1人	
11:55	1人	

配膳 子ども5人

昼食
12:15 1人
12:20 1人
12:25 1人

記念撮影など
12:30 1人
12:35 1人

★開始前の準備★
①設営設営の職員8名は、朝8時に園庭に集合します。朝8時に園庭にて園長と八日会担当の方と、設営担当の○田の指示、設営担当が揃ったらいったん解散します。
②軍手（八日会の方のみ）で清掃・受付をお願いします。ヘルメットとタイムカードを身につけて、担当する体験までに園長のところに来てください。
③各会場担当職員（1F：▲口〒2F：▲村3F：▲口）は、朝9時15分の集合時に学生たちがどなたで下の名札は書いていただくようにします。○田さんと全体担当の○田さんで手伝っていただけるとうれしいです。
④状態、食堂、調理室など先に準備する会3名は8時30分に準備をお願いします。
⑤カレー調理メンバー6名は、エプロンと三角巾を着用した状態で集合してください。

★開始時間中の注意★
①各体験の担当職員は、基本的には持ち場を離さず、安全面に配慮します。また、その時間中の参加する子どもがそちらの方向に行っているかの確認や、「お仕事スケジュールカード」の参加シールを押印して下さっている場合は、その場までに一同に並ぶようにしてください。
②持ち場のないフリーの職員は、全体の様子を見て回り、トラブルがあった場合はサポートにまわってください。
③子どもだけでなく、「お仕事スケジュールカード」を手にしたお父さんやお母さんもお仕事参加をしているかなどを、声をかけてもらい参加を促してください。
④砂場には迷路体験の参加は別の担当職員がいますので、時間のある子や参加したくなった子どもは気にせずに参加できるようにしてください。
⑤迷路のクイズ参加は1人1回ですが、同じ子が何度も体験に出ないように、気をつけて見てください。

★閉会後・昼食時の注意★
①ショベルカー体験は昼食時も継続していますので、安全面に注意して進めてください。
②昼食は、子どもは自由解散とします。
③13時から片付けをしますので、協力をお願いします。

COLUMN 6　地域と協働した「お仕事体験」

図5-6-1　神奈川新聞掲載の記事（2016年10月12日朝刊）

図5-6-2　お仕事体験・子どもアンケート集計

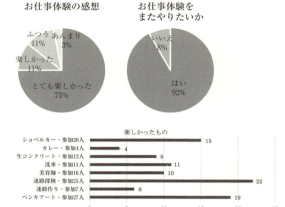

★やってみたいこと（子どもたちの自由記述）
・迷路作りをみんなでやりたい（10）／難しい迷路／巨大迷路／迷路の中のクイズをまたやってみたい
・カメラマンをやりたい（6）
・ショベルカー操縦をまたやりたい（2）／ショベルカーでお菓子のプールにしてすくう／ショベルカー以外の操縦もしてみたい
・また美容師体験をやりたい・髪を切ってみたい（3）
・カレー作りをまたやりたい／好きな食べ物を作る／アイスを作りたい
・また生コンクリートに触りたい（2）
・洗車体験
・ものを作る仕事がしたい（2）
・もっと多く色々お仕事をやってみたい
・お化粧
・虫はかせの仕事
・砂絵
・風船アート

図5-6-3　お仕事体験・職員アンケート集計

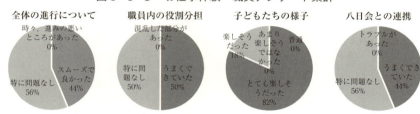

★職員からのコメント・気づいたこと
・天候だけは残念であったが，これは仕方がないこと。食事中は八日会の方にバラバラに座ってもらったことで，子どもたちと交流ができたので良かった。
・事前に細かくスケジュール等準備して下さったので，子どもたちの動きはスムーズだったと思います。もしまた実施して下さる場合，ペンキアートの人数・メンバーは要検討かと思いました（とても楽しかったので良かったのですが，子どもの動きをセーブしきれず…）。
・雨の中，ずぶぬれになった子もいたが，様々なお仕事ができてみんな満足そうでした。
・子どもたちが積極的にお仕事をしていて，表情が生き生きしていてよかった。是非また別の職業があれば，自分も参加したいと思った。
・こうした機会は大切だと思いました。
・時間もちょうどよかったと思います。
・素晴らしいお仕事体験だと思いました。子どもがとても良い表情をしていて，やっている方も嬉しそうでした。
・初めての試みでしたが，子どもたちにとってとてもいい機会だと思いました。カレー作りも思っていたより楽しんでやれていたのが良かったです。煮込むところまでやれてよかった。しかし，水道がないのはやはり不便でした。
・あいにくの雨でしたが，八日会の方の工夫で，どのお仕事も楽しんで体験できたように思います。子どもたちにとっては，身体を動かし，目の前に成果が見える具体的な体験でとてもよかったと思います。
・子どもが美容師さんにインタビュー。お客さんの笑顔が仕事のやりがいという話をされていて，こういったお話を聞ける機会がもっとあればと思いました。この規模では難しいけど，またやれるといいな。
・幼児寮も参加させてもらい，ありがとうございました。タイムテーブルを組むのがめちゃめちゃ大変そうで…片山さんお疲れ様です。他業種・職種の方と交流できて，みんな楽しそうでした。
・希望した仕事だったはずだが，児童によって，「やりたいと言ってない」と言い，参加できない子がいました。
・美容師の方が個別に仕事内容などを教えてくれたので，中高生にも聞かせてあげたいと思いました。
・参加した児童みんな，笑顔が多く見られ，楽しそうだった。

第6章
キャリア・カウンセリング・プロジェクト（CCP）の効果と意義

井出 智博・片山 由季

　第5章では児童養護施設での実践を通して，CCPの実際について紹介しました。この章ではそうした取り組みにどのような効果があったのかについて検討したいと思います。

　ここではCCPの効果を多面的に理解するために，量的研究と質的研究という異なる方法を組み合わせて行う混合研究法を用いました。

1　CCPの効果－量的研究
（1）評価の方法

　量的研究とは，一定数程度の対象に対してCCPの効果を評価するための質問紙調査を実施し，CCP参加前と参加後の児童の変化，あるいはCCP参加児童と不参加児童の比較を行うことによって，CCPの効果を検討しようとするものです。

　2013〜2017年の5年間にわたり，3ヶ所の児童養護施設で行ったCCPで得られたデータをもとにして，量的研究を行いました。この期間にCCPに参加した児童のうち，CCPに参加する前（pre-test）と参加した後（post-test）の回答に欠損値がない児童22名（小学校6年生〜高校2年生）を「参加群」としました。また，同じ期間にCCPに参加しなかった同年代の施設児童19名を「統制群」とし，彼らにも同じタイミングで回答してもらいました。

　効果の測定には時間的展望尺（都築，2006）と，自尊感情尺度として桜井（1992）による児童用コンピテンス尺度の自己価値因子の項目を用いました。時間的展望尺度は，「将来への希望」，「将来への志向性」，「空虚感」，「計画性」，「将来目標の渇望」の5因子を想定した尺度です。いずれも4件法で回答を求めました。時間的展望尺度の下位尺度得点については，得点が高いとその傾向が強いことを示すように修正しました。

（2）実施と評価に関する倫理的配慮

　第5章で説明した通り，CCPへの参加は任意であり，希望した子どもたちが参加しています。そこで，この調査で使用した質問紙は，CCP実施前後の様子を比べてみるために行うことを子どもたちにも説明したうえで実施し，結果の開示について希望があった場合には，個々に説明するようにしました。また，個人が特定されることがないように質問紙のデータを分析する際にはすべて施設内で記号化しました。

（3）参加群と統制群のCCP実施前後の比較

参加群と統制群のpre-testとpost-testの時間的展望尺度と自尊感情尺度の得点を整理しました（表6-1）。また，それぞれの得点について，群（参加群－未参加群）と時期（pre-post）の二要因分散分析（混合計画）を行いました（表6-2）。

その結果，時間的展望尺度の「将来への志向性」因子と「空虚感」因子，自尊感情尺度では群と時期の交互作用が有意でした。そこで，それらについて単純主効果の検定を行ったところ，将来への志向性因子（$F=13.28, p<.01$）と自尊感情尺度（$F=9.70, p<.01$）では，参加群においてpre-testの得点と比べ，post-testの得点が有意に高まっていることが示され，空虚感因子（$F=9.28, p<.001$）では，参加群において，pre-testの得点と比べpost-testの得点が有意に低下していることが示されました。また，自尊感情尺度では群の主効果も有意で，参加群が未参加群に比べて得点が高いことが示されました。

表を読み取ることが苦手な方のために，統計的に意味がある差が見られた箇所について別途，図示し（図6-1），説明を加えてみます。

① 将来への志向性

将来への志向性は，将来について考えるかどうかを表す項目です。実線で示した参加群のpre-testの得点は2.32点でしたが，post-testには2.88点に上昇しています。それに対して，破線で示した統制群のpre-testの得点は2.46点で，post-testの得点は2.42点でした。

統制群では将来について考える傾向に変化が見られないのに対して，参加群では将来について考える傾向が強まっていることがわかります。

表6-1　群ごとの下位尺度得点

群	時期	時間的展望尺度										自尊感情尺度	
		将来への希望		将来への志向性		空虚感		計画性		将来目標の渇望			
		M	SD	M	SD	M	SD	M	SD	M	SD	M	SD
参加群	pre	2.56	0.74	2.32	0.70	2.51	0.60	2.66	0.76	3.05	0.89	2.40	0.59
	post	2.79	0.73	2.88	0.48	2.07	0.64	2.66	0.61	2.83	0.74	2.66	0.63
統制群	pre	2.34	0.85	2.46	0.89	2.42	0.84	2.68	0.85	2.77	1.02	1.99	0.64
	post	2.35	0.62	2.42	0.66	2.57	0.64	2.55	0.88	2.65	1.03	1.98	0.54
全体	pre	2.46	0.80	2.38	0.78	2.47	0.71	2.67	0.79	2.92	0.95	2.21	0.64
	post	2.59	0.71	2.66	0.61	2.30	0.68	2.61	0.74	2.75	0.88	2.35	0.68

表6-2　分散分析表（反復あり）

	将来への希望			将来への志向性			空虚感			計画性			将来目標の渇望			自尊感情尺度		
	SS	MS	F	SS	MS	F	SS	MS	F	SS	MS	F	SS	MS	F	SS	MS	F
群	2.29	2.29	2.39	0.49	0.49	0.72	0.85	0.85	1.21	0.03	0.03	0.03	1.07	1.07	0.75	5.99	5.99	9.42**
時期	0.29	0.29	1.97	1.36	1.36	5.31*	0.45	0.45	1.95	0.09	0.09	0.44	0.57	0.57	2.24	0.32	0.32	3.69
群×時期	0.24	0.24	1.64	1.81	1.81	7.06*	1.76	1.76	7.57**	0.09	0.09	0.44	0.04	0.04	0.16	0.38	0.38	4.40*

$df=1$, $*p<.05$, $**p<.01$

第6章　キャリア・カウンセリング・プロジェクト（CCP）の効果と意義

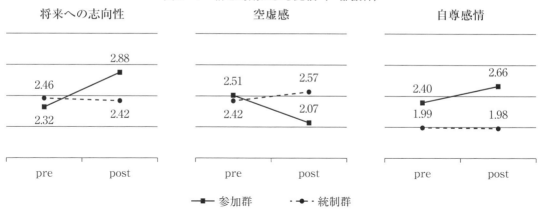

図6-1　群と時期による比較（一部抜粋）

② 空虚感

現在の空虚な感情を表す空虚感は，実施群ではpre-testからpost-testに向けて得点が低下しています。それに対して統制群ではやはり変化が見られません。

こうしたことから，CCPを経験することで，将来について考える傾向が強まったり，日々の生活の中で空虚な感じを持ちにくくなったりすることがわかります。

③ 自尊感情

自尊感情では参加群のpre-testの得点は2.40点，post-testの得点は2.66点でした。一方，統制群のpre-testの得点は1.99点，post-testの得点は1.98点でした。

参加群においてpre-testからpost-testに向けて得点が上昇していることに加え，そもそも参加群と統制群のpre-testの得点の間には大きな差が見られます。これは，CCPを経験することで主体性の表れでもある自尊感情が高まったことを示していると共にCCPに参加した子どもの方が参加しなかった子どもよりも自尊感情が高い傾向にあったことを示しています。CCPは子どもたちの自由意思による参加を尊重してきましたが，CCPに自ら参加してきた子どもたちはもともと比較的高い自尊感情を持っており，主体的にCCPに取り組み，さらに自尊感情を高めたと言えるでしょう。

④ その他

この他，将来への希望や計画性，将来目標の渇望という因子では，群（参加群と統制群），あるいは時期（pre-post）では差異が見られませんでした。

（4）量的研究から見えてきたこと

こうした結果から，CCPにはどのような効果があったと言えるのかについて整理してみま

しょう。

　将来の希望という因子は，将来への肯定的な意識を示しています。しかし，この因子では群，時期における差異が見られなかったことから，CCPには将来への肯定的な意識を形成するほどの効果は認められないと言えます。

　しかし，将来への志向性という因子では参加群のpre-testとpost-testの得点には差が見られ，CCPを体験することで将来について考える傾向が高まることが明らかになりました。

　さらに，空虚感が低下する傾向も見られたことから，CCPに参加することは将来への態度の変化だけではなく，現在の生活への満足度を高める効果を持つ可能性も示唆されました。こうした結果から，CCPに参加することは，肯定的な将来展望を形成するほどの効果は認められないが，将来のことについて考える傾向が高まるとともに，現在の生活に充実感を感じられるようになるというような効果を持つ可能性があるということが言えるでしょう。

　また，主体性の目安でもある自尊感情については，そもそも参加群と統制群の間に差が認められました。CCPへの参加が子どもたちの自由意思によるものであることを考えると，CCPへの参加を希望する子どもは比較的将来について考えることに主体的に取り組む自尊感情が高い子どもたちであり，逆に参加を希望しなかった子どもたちは主体性や自尊感情が低い子どもたちであるという可能性が示されました。CCPが将来のことやおとなになることについて楽しく考えるという機会ではあっても，自尊感情が低い子どもたちにとっては不安や負担に思えるような機会として捉えられているのかもしれません。このことからは，自尊感情が低い，あるいは将来のことやおとなになることについて考えることに十分な準備が整っていない子どもたちへの支援にどのように取り組むかがCCPの課題の1つであることが示唆されていますが，第7章で触れるように数年間継続することで自立や将来のことについて考える風土を醸成したり，子どもたちが持つ集団の力を活用したりすることが解決の糸口になるかもしれません。

2　CCPの効果－質的研究

　上記の量的研究については，数字や統計が苦手だという方には難しく感じられたかもしれません。ここからは質的な検討として，インタビュー調査を行った内容について説明していきます。

　質的研究は少ない対象（事例）を対象として，そこに含まれる内容や現象を細かく分析していく研究の方法です。

　現場で子どもたちに関わる私たちにとっては自分の体験と照らし合わせながら理解しやすいために，こちらの方が馴染みやすいかもしれません。なお，このような量的研究と質的研究の両方の側面から見てみることで多面的な理解が深まりますので，上記1（4）に目を通してから読み進めてもらえればと思います。

第6章　キャリア・カウンセリング・プロジェクト（CCP）の効果と意義

（1）評価の方法

　質的研究として，CCPに参加した経験を持つ子どもへのインタビュー調査の内容を分析することで，CCPの効果と意義を検討しました。

　インタビュー調査は2018年1月に行われました。インタビューに協力してくれたのはある施設で2014～2016年までの3年間，CCPに連続して参加した筋金入りのリピーターであるXさんとYさん（共にインタビュー当時，高校1年生の女子）です。CCPに参加していた時のことを自由に話してもらうために，形式ばったインタビューというより，施設の中で夜の自由時間を使ってお茶を飲みながらお話をするというような雰囲気で実施しました。

　インタビューを行う際には，「CCPに参加した子どもたちがCCPをどのように見ていたのか」という大きなインタビューのテーマ（リサーチ・クエスチョン）を設定し，「印象に残っていること」，「普段の生活の中での話との違い」など，インタビューを進めるうえでのいくつかの質問内容（ガイド項目）を準備しました。ただ，厳密にガイド項目をなぞるのではなく，話をすることが好きなXさんとYさんの自由な語りを尊重するような形で進めました。

　以下，その時の雰囲気をより想像してもらうためにインタビューではなく，"おしゃべり"という言葉でその時間を表現し，その内容をCCPの効果や意義という視点からいくつかの項目に分けて整理しました。

（2）"おしゃべり"の分析

① 主体的に自らのキャリアについて探索する機会としてのCCP

（ⅰ）"おしゃべり"の内容

　XさんとYさんは最初こそ緊張していました。しかし，彼女たちが参加したCCPの内容を順番に振り返っているうちに，すぐにリラックスしてあれやこれやとおしゃべりを始めました。

　今までで印象に残っている内容を尋ねると，「2ヶ月人生体験ゲーム」，「大学見学」，「○○（職員）がおとなになるまでの話」など，次々に言葉が出てきます。2人の話からは，特に2ヶ月人生体験ゲームが印象に残っているようでした。その理由を聞くと，「一番楽しかったからだよ！」と2人ともがそろって答えました。さらに突っ込んで「何が楽しかったのか」という質問に対するXさんの答えは，「みんなで一緒にできたから，じゃない？　他の内容は個人個人でやる感じだったけど，あれはみんなでやれたからね」でした。

　3年間も参加を続けた理由については，XさんもYさんも「そりゃあ，面白かったからに決まってんじゃん！」と爆笑していました。Xさんは「みんなでワイワイ話せる時間が楽しかった」，Yさんは「（普段の）『生活』って，生活するのがメインじゃん？　（お互いに）改まって話すことなんて，滅多にないし」。さらに，「『テーマ』がないと話せないからね，人は」と，なかなか含蓄に富んだ発言をします。そのうち，ふと思いついたようにXさんが次のように話し出しました。

X：「…っていうか，学校の人とは，そういう話，しゃべんないよね。」
Y：（頷きながら）「将来の話っていうより，まず，『施設って何？』から始まっちゃう。」
X：「そうそう。だから面倒くさくなって言わないよね，そういうの。でさ，施設（の人と）で話すときは，『家，帰るの？』，『一人暮らし？』のどっちかしかない。（施設の）みんなと，ごはん中にも（将来のことを）話したりするけど。でも，ここ（CCP）では，『将来，施設を出たらどうする？』の話じゃない。『自分が何をしたいか』の話じゃん？ だからいいんだよ，うん。」
Y：（頷きながら）「いやなことがあったら，そもそも3年間もやらなくね？」

（ⅱ）"おしゃべり"からの考察

ここではXさんの「『自分が何をしたいか』の話じゃん？」という言葉に注目してみたいと思います。

この言葉が発せられた背景には，学校や施設での日常的な友達との関係との対比があります。学校では，将来のことについて話をするためには，自分たちの生い立ちや施設で暮らしているという境遇にも触れなければならないために，面倒くさく，その場を取り繕うようにして過ごすことが示されています。施設での友達との会話では，将来のことについて話をするものの，どこで暮らすかということ（つまり，施設で暮らす子どもたちにとっては，親や家族との関係をどうするということ意味しています）が話題になると言います。それに対して，CCPでは，「自分が何をしたいか」について考えたり，話をしたりすることができるというのです。

基本概念にも示されているように（第4章参照），CCPでは子どもたちが主体的に自らのキャリアについて探索することを大切にしています。XさんとYさんのおしゃべりからは，彼女たちはCCPの中で「誰か」に「させられる」のではなく，「自分が」という主体的な感覚や「したい」という意思を持って，将来のことやおとなになることについて取り組んでいたことがわかります。CCPが，基本概念に掲げられた「主体的に自らのキャリアについて探索すること」を実現する機会であり，従来行われてきた生い立ちに困難を抱える子どもの自立支援における課題を克服できる可能性が示されていると言えるでしょう。そして，彼女たちがCCPに参加し続けてきた理由を「面白かったからに決まってんじゃん！」と表現していることからは，基本概念に示された「おとなになることや将来を展望することの楽しさや喜びを感じながら（取り組む）」ことができたことが示されており，主体的に取り組むことを支えた要因の1つとなっていたと推測することができます。

② 本気で話すことができる機会としてのCCP

（ⅰ）"おしゃべり"の内容

二人のおしゃべりはまだまだ続きます。今度は再び，学校での話になりました。最近はキ

ャリア教育に力が入れられており，学校でも将来のことや就職のことなどについて取り組むことがあるようです。

X：「将来のことを授業で考えるのは，テキトー。面倒くさい。しゃべってるうちに悪ふざけになっちゃう。」

Y：「CCPはさ，人数少ないのがいいんじゃない？ あと，この（適度に狭い）空間がいい。こういうのに（施設で）参加するのは，今しかできないもんなぁ。」

X：（進学について）「施設だとさあ，まず『奨学金だよね』って話になるけど，学校だとそもそもそれが違う。ノリが違う。」

Y：「（なんで施設で暮らしているかとか）話すとさ，結構長くなるじゃん？ だから結局，（学校の友達には）本気では話さない。話せないもん。」

（ⅱ）"おしゃべり"からの考察

　学校でのキャリア教育とCCPの比較談義の中で注目したいのは，Xさんの「ノリが違う」という言葉です。

　若者がよく使う言葉でしょうか。「ノリ」に含まれる意味をしっかりと理解することは容易なことではありませんが，彼女たちのおしゃべりから「ノリが違う」に含まれた意味を考えてみましょう。先述した通り，彼女たちにとって，学校におけるキャリア教育の機会は，自分たちの生い立ちや施設で暮らしているという境遇にも触れなければならないために，面倒くさい時間と捉えられているようです。それをごまかすためでしょうか。「しゃべっているうちに悪ふざけになっちゃう」のですね。

　一方，CCPでは同じような境遇の子どもたちと一緒に取り組むことで，生い立ちや境遇といった将来のことやおとなになることについて話をする前段階の話に触れなくても進められたり，経済的な問題や住む場所の問題が生じるような進学や就職の際の話が共有されやすかったりすることがあるようです。Yさんの学校での友達には「本気では話さない。話せない」という言葉の裏側には「CCPでは本気で話していた。話せる」という気持ちがあるのかもしれません。

　CCPでは，何に取り組むかという内容の前に，構成概念にも示されているようにPCAグループ（村山，2006他）の理念である「個々の子どもが安心して参加でき，自由に自分の将来について考え，表現できる場をつくることを大切にする」ことを重視しています。2人のおしゃべりからは，CCPはこうした構成概念が十分に反映された機会となっていることを知ることができます。

③　CCPは子どもたちにとってどのような効果があったのか

（ⅰ）"おしゃべり"の内容

　CCPに3年間参加した今，将来についてどんな風に考えているのかを尋ねると，Xさんは

「それなぁ。実はまだ、よくわかんない」と苦笑いしました。その後のおしゃべりを見てみましょう。

　X：「（CCPの）最初の1〜2年は、仕事って言ってもよくわかんなかった。」
　Y：「高校生になってバイトやってみて、仕事ってこんな（大変な）こともあるんだな、ってのは思った。」
　X：「今、何のためにバイトやってるのか、実感ないかも…。そもそも、将来に向けて何を心配すればいいのかがわからない。」（と少し不安そう）
　Y：「心配は、お金の心配かなぁ。でもさ、CCPに出て将来のことを考えるのをやったのと、CCPに出ないで（将来について考えるのを）やってないのとでは、大違いなんじゃん？」
　X：「確かに。実際、高校でバイトすれば金銭感覚がわかるから、CCPなくてもそこはわかるんじゃん？　でも、CCPやってる方が、心の余裕があるんだよ。」
　Y：「小学生は（CCPは）まだしなくていい。それよりしっかり遊んどけ。で、中1は部活を頑張れ！（やるのは）中2くらいがいいんじゃない？　もしCCPやってなかったら、自立について関心なんか持ってなかったと思う。」
　X：「確かに。自覚は持てるようになった。（CCPは）自立について考える準備にはなる。」
　Y：「まあ、CCPが役に立った、という感覚はないけどね（笑）。CCPは自分の意見を自由に言える場所だった。他の人の話を聞くのも楽しかった。メンバーもよかったし。」

　そして最後には、「っていうか、でもうちら、中学（3年間）全部CCPに参加してたし！出てなかったらどうかなんて、今さらわかんないよね！」と、2人とも笑っていました。

（ⅱ）"おしゃべり"からの考察
　最後の自分たちはずっとCCPに参加していたから「出てなかったらどうかなんて、今さらわかんないよね！」という言葉は、この研究の限界を見事に言い当てている鋭い指摘です。
　結局のところ、CCPは彼女たちに役立つ機会だったのかということですが、その判断はどうもなかなか難しいようです。しかし、それでも彼女たちの体験からCCPの意義や意味を見出していく作業はとても大切なので続ける必要があると考えています。というのも、ここで語られている内容は量的研究で示された結果と重なっていることに気付かされるからです。将来展望について尋ねられた時、Xさんは「実はまだ、よくわかんない」と苦笑いをしています。つまり、肯定的な将来展望を持てるようになったのかと言われると、そうとは言えないということを示しています。
　量的研究では「将来への希望」の因子に変化が見られなかったことと同じことが示されています。一方で、「（CCPは）自立について考える準備にはなる」、「CCPやってる方が、心の余裕があるんだよ」という表現は、将来について考える傾向である「将来への志向性」の高まりを示すものであると考えられます。そして、何より彼女たちは毎月のCCPを楽しみに待

っていてくれました。感覚的には将来のことやおとなになることについて考えることが楽しいというよりも，いつものメンバーで楽しく話ができることが楽しいという感じだったのかなと思います。

　時間的展望療法（第１章参照）の理論と照らし合わせるならば，「空虚感」の低下を将来への志向性が高まったことと関連付けて考えることもできるかもしれません。しかし，彼女たちのおしゃべりをもとに考えると，毎月CCPの時間があり，そこでいつものメンバーで楽しく話ができること自体が日々の「空虚感」を低下させることにつながっていたと考える方が自然かもしれないなと思います。このあたりのメカニズムについてはもう少し検討が必要なところでしょう。

（３）"おしゃべり"の時間を振り返って

　"おしゃべり"の時間は，一応，インタビュー調査として行われましたが，XさんとYさんが自由に話をすることができる時間となりました。２人には時間いっぱい，好きなことを話してくれればいいよ，と伝えていたため，この年代の子どもたちに関わる機会が多い方にはおわかり頂けると思いますが，脱線し，大笑いし，なかなかこちらの聞きたいことにたどり着かないと思わせておきながら，急に核心を突くような話が出てくるという時間でした。

　しかし，彼女たちのおしゃべりに含まれていた内容は，試行錯誤を重ねながらCCPに取り組んできた私たちにとっても大変勉強になるものでした。やはり，子どもたちから学ぶべきことは多いのだなと，改めて思わされました。高校生になったXさんとYさんはこれから高校卒業後の進路について本格的に考え始める時期に差しかかります。彼女たちがどのように生きていくのかはとても興味があるところです。数年後に，再度おしゃべりの時間を持ち，その時の様子はまた別の機会にご報告したいと思います。

３　まとめ

　この章では量的研究と質的研究という異なる２つのアプローチを用いた混合研究から児童養護施設におけるCCPの効果と意義について検討してみました。

　対象数の少なさや，そもそもCCPは対象の子どもたちや施設・支援機関ごとに，支援の実施内容が異なるという点において，効果研究としての課題は少なくありません。

　しかし，２つの研究を組み合わせることで，CCPが子どもたちにどのような効果をもたらす取り組みだったのか，また基本概念や構成概念といったCCPの理論がどのように実践に反映されていたのかなどについての知見が見えてきた部分もありました。

　また，質的研究の知見からは児童養護施設以外の施設や支援機関でCCPに取り組む際に期待される効果や意義についての示唆も得られると思います。例えば，生い立ちに困難を抱える子どもたちにとって，同じような境遇を持つ子どもたちとCCPに取り組むことは，学校でキャリア教育に取り組むこととは異なり，その場を取り繕うようなことをせず，主体的に取

り組むことができることに繋がります。また，そうした関係の中では周囲に合わせることなく，本気で話をすることができるようにもなるかもしれません。

　なお，すべての他の施設や支援機関での取り組みが，ここで紹介したように児童養護施設の子どもたちと同じような効果を持つかどうかについては明らかではないところもありますので，今後，実践を重ねながら検討していく必要があるでしょう。

　また，今後のことに目を向けると，何よりも大きな課題になるのは，CCPに参加した子どもたちが実際に施設や支援機関から巣立ち，社会で生活を送ってからの様子までを含めた長期的な検証を行うということです。そもそも，自立支援の効果検証は様々な要因が交絡しますので，容易なことではありませんが，長期縦断研究を行うことで検証を重ねていければと考えています。

〔引用文献〕
桜井茂男（1983）認知されたコンピテンス測定尺度（日本語版）の作成．教育心理学研究，31，245-249．
桜井茂男（1992）小学校高学年生における自己意識の検討．実験社会心理学研究，32，85-94．
都筑学（2006）中学生における自己意識の発達－「自己」の肯定的な側面と否定的な側面との関係．教育学論集，48，363-377．
村山正治（2006）エンカウンターグループにおける「非構成・構成」を統合した「PCA－グループ」の展開－その仮説と理論の明確化のこころみ．人間性心理学研究，24(1)，1-9．

本章「1　CCPの効果－量的研究」については，『子どもの虐待とネグレクト』20（3）に掲載予定の「児童養護施設における将来展望を育む自立支援についての実践研究」に加筆，修正を加えました。

COLUMN 7

児童養護施設の子どもの自立

八木　孝憲

1 │ 施設の概要と目標

　私が勤務していた児童養護施設はやや特殊で，地方にありながらも東京都の児童を受け入れる，いわゆる都外施設と呼ばれるものです。本園の他に3ヶ所グループホームがあり，合計4ヶ所の定員30名で運営しています。子どもたちにとっては，保護者と離れて初めての生活であるだけではなく，全く知らない土地や文化への適応という難しさもあるように思います。

　入所理由は多岐にわたりますが，多くの児童が何らかの虐待を受けています。私たちは様々な問題に直面することがありますが，児童が施設での生活を終えて巣立ったときに「自立」できるように支援していきます。

2 │ 施設での支援の前提となること

　自立支援の内容を大まかに分けると，生活指導・学習指導・金銭管理の意識づけ・対人関係であり，生活スキルや社会的スキルといった経済的・社会的自立に関するものが中心となります。例えば，生活指導としては，食事のマナーや共有スペースでの過ごし方，炊事洗濯まで様々な場面で職員が指導・支援していきます。その際，「はぁ？　そんなやり方しねーよ！」，「そんなの○○さん（職員）の家のルールだろ！」と，児童と職員との間で衝突や葛藤が頻繁に起こることがあります。このような場合は，施設としての生活ルールを指導する態度が求められます。つまり，児童に対する指導・支援は重要ですが，その前提として，施設の目標や規則（ルール）について職員間に共通認識を持つことが必要になります。そのためには，児童の入所以前の生活のスタイルを詳細に把握するだけでなく，職員自身の生活習慣や家族内ルールをよく自覚（確立）したうえで，施設のルールを把握しておくことが大事です。私たち支援者自身が，それぞれの育った環境で，食器洗いや洗濯，部屋の掃除を毎日のように行っていたでしょうか。そんな品行方正な職員は多くないように思われますし，何より自分たちがさほど経験してこなかったこと（納得していないルール）を，根拠もなく子どもたちに求めていくことは，それこそお互いにとって苦痛であり不幸であると思います。

　自立とは周囲のおとなが押し付けるものではなくて，児童が主体的に行動していくことの蓄積によってなされていかなければならないと思います。よって，職員自身が納得できるルールを児童にも納得して実践してもらえるように指導する必要があります。

3 │ 職員同士の関係と児童

　指導にあたってもう1つ大切な視点は，児童と職員の関係性だけではなくて，職員間の関係性です。実はよく観察する児童には周知のことですが，職員同士で生活指導に関してコンセンサスが得られていないことが，多々あります。これは不思議なことではなく，世代も違えば育った環境も全く違うため，当然と言えば当然のことです。しかし，児童はこの職員同士の意識や方針の違いを敏感に察知して，職員にとってとても痛いところを突いてくるだけでなく，ずる賢い児童によっては，職員同士の関係自体を悪化させることになります。子どもの観察能力・察知能力はなかなかのものです。私たち支援者は児童をよく理解しようと努める前に，施設の共通ルールを理解して，それを職員同士で確認し合うことが必要になるでしょう。職員同士でしっかりコンセンサスを図り，またそうやって合意した方針に基づいて児童を支援していくことです。このような真摯な姿勢や過程は，児童と職員，職員間，施設と児童の関係性すべてにとって有益であるし，何よりも対人関係のベースとなる相互信頼感を醸成することに大きく寄与するでしょう。

4 │ 心理的自立のための支援

　ここまでは生活指導の視点から，児童の自立に向けて経済的・社会的自立の側面に触れてきましたが，自立には心理的自立も含まれています。
　先ほど相互信頼感に言及したように，施設内の生活支援で育まれるあらゆる人間関係における信頼感の獲得経験の積み重ねが，児童の自立の根幹を成しているといっても過言ではないと思われます。それに加えて，児童自身が自己理解を深めていけるような，個別的な関わりによる生い立ちの整理と人生設計（将来展望を持つこと）を，入所時から計画的に実施していくことが求められます。しかし，生い立ちの整理であったり人生設計に関しては，施設によって取り組み方の姿勢や強度に大きな違いがあるように感じています。
　施設における日々の生活または学校生活や地域社会との交流，あるいはアルバイトを通じて，児童は大きく成長して，経済的・社会的自立へと向かっていきます。心理的な自立ができないまま施設から巣立った児童の中には，経済的な自立ができて，恋人もでき，何だか上手くいっているように自他共に感じているにもかかわらず，ちょっとしたきっかけで仕事を辞め恋人と別れるといったことを繰り返すことがあります。また，施設の仲間と離れ，何か困ったらすぐに相談に乗ってくれて手助けしてくれる心理的に支えとなる職員を物理的に失った結果，施設の職員以外に本当に信頼できる身近な他者がいるのかどうか，不安になり，空虚で刹那的な生き方に終始してしまう児童もいます。
　自立を暗に迫られた児童は，施設退所後に自らが内面化した「自立しなければならない」という規範により，かえって施設や仲間との接触を控えさせ孤立の遠因となっている可能性も考えられます。自立しなければならないではなく，自然と自立していける日常の関わりや心的交流に，これまで以上に私たちは目を向けていくことが求められているのだと言えます。

第7章
キャリア・カウンセリング・プロジェクト（CCP）と日常の養育・支援

井出 智博・片山 由季

1 職員へのアンケート調査の実施について

（1）職員の意識への影響

　先述してきたように，CCPは従来の生い立ちに困難を抱える子どもの養育や支援に取って代わるようなものではありません。かと言って，従来の養育や支援にプラスαとして単純に付け加えられるだけのものでもありません。ここまで示してきたように，CCPにはそれまで施設や支援機関で行われてきた自立支援を中心とした支援について見つめ直し，再構築する作業が含まれています。CCPに取り組むことは，参加した子どもに対して影響を与えるだけではなく，それまで施設の中に潜在していた課題が意識化されたり，新たな取り組みが行われるようになったりするといったように，職員の意識や子どもと職員の関係性にも影響を及ぼします。

　そこで，この章ではCCPに取り組んできたある児童養護施設で行われた職員へのアンケート調査から，施設でCCPに取り組むことの職員への影響を整理して示したいと思います。また，その内容をもとに，様々な施設や支援機関で生い立ちに困難を抱える子どもたちとCCPに取り組むことにどのような意義があると考えられるのかについて検討してみます。

（2）アンケート調査の対象と内容等

　アンケート調査を行ったのは，数年間CCPに取り組んできたある児童養護施設です。この施設では2013年度に初めてCCPに取り組みました。その後，定期的に職員にアンケート調査を行い，子どもたちの様子や職員と子どもの関わりの中に見られるCCPの効果や意義について尋ねてきました。ここでは，CCPに取り組んで1年半ほど経過した2014年9月に実施したアンケート調査と，5年近くが経過した2018年2月のアンケート調査から，日常の養育や支援の中でのCCPの位置づけや，意義について探ってみたいと思います。

　CCP導入期から5年が経過した展開期へと施設の中でCCPが展開していくプロセスを追いながらアンケート調査の結果を示したいところですが，残念ながら児童養護施設では職員の入れ替わりがあり，すべての職員がCCP導入からの経過を理解しているわけではありません。したがって，ここでは，2014年と2018年のアンケート調査の内容を統合して示すことにします。

なお，2014年のアンケート調査の回答者は30名，2018年の回答者は25名でした。回答者の多くは実際にCCPの時間に子どもと一緒に参加した経験はありません。質問の内容は「施設での自立支援やCCPについて感じていること」です。回答内容は，記述内容により分節化した後，KJ法に準じた方法を用い，記述内容の親近性・類似性を検討し，整理しています。

2　職員アンケート調査内容のまとめ
（1）生活の中で将来と向き合う機会の少なさ－多忙な職員
　CCPの意味や意義の前に，施設で暮らす子どもの特徴に言及するものが見られました。
　その1つが施設で暮らす子どもたちの「生活の中で将来と向き合う機会の少なさ」でした。施設では，数少ない職員が子どもたちの支援にあたっています。子どもたちを学校に送り出し，下校後には宿題をみたり，一緒に入浴や食事をし，就寝の準備をするといったように，一日，子どもたちの生活を支えることに奔走しています。また，時には医療機関への通院や家族との面会，あるいは子ども同士のケンカの仲裁やトラブルへの対処等もしなければなりません。ある職員は「（CCPを実施することで）子どもたちが社会に出た後のイメージを持つきっかけになることは，とても良いことだと思いました。とにかく，生活の中では『将来に向き合う』ということが少ないので…」と記述しています。
　もちろん，施設職員も施設で暮らす子どもたちが将来のことについて考える機会に乏しいことに気付いていましたので，子どもたちと将来について話をすることの必要性はこれまでにも感じていました。しかし，目の前で繰り広げられる日々の生活への対応を優先させていると，子どもの将来に目を向けたり子どもと将来のことについて話をしたりする時間を十分に取ることができない状況にあることが示されました。
　こうした中で，CCPではあえて将来のことについて考える時間を日課の中に設ける取り組みだったと言えるでしょう。もちろん，本来そういったことは特別な時間の枠組みの中で行うものではなく，生活の中で自然に行うべきものだという意見もあるかもしれません。しかし，そのための時間を十分に確保できていない場合には，CCPのように構造として時間を設けることが必要なのかもしれません。

（2）将来を思い描けない子どもたち
　第2点目も施設で暮らす子どもの特徴に言及するものでした。
　「中学3年生を担当しているが，先を思い描けないところが気になっている」，「就労，自立に向けて進めている担当児童がいるが，自立に向けたレディネスがない」という記述のように，施設からの巣立ちを目前に控えながら，将来展望を描けていない子どもがいることが示されています。
　加えて，「今から卒園までに何をしてあげられるのか，とても短い時間の中で，何を伝えていけばいいのか知りたい」という担当職員としての苦しさも表されています。

第7章　キャリア・カウンセリング・プロジェクト（CCP）と日常の養育・支援

おそらく，担当児童の自立に向けて自分に何ができるのかと胸を痛めているのはこの職員だけではないでしょう。子ども自身が準備できた時ではなく，外的な力によって自立しなければならない日がやって来る子どもたちの自立を支援する時，将来を思い描けないままに子どもたちが巣立っていくかもしれないという現実に直面することは担当職員にとってもとても心配であり，時には自分の無力さと向き合うことになってしまっているのかもしれません。

（3）職員の自立支援に対する意識の変化

「今までの自立支援はスキルの支援が中心。動機づけが大事というのはとても大切だと思う」という記述のように，従来の自立支援では，スキルを子どもたちに教えるということに主眼が置かれていたのに対して，CCPに取り組むことで子どもたちが将来のことやおとなになることについて考えてみたいと思う気持ちを持つこと，つまり自立に向けて動機づけられることが大切だという視点が加わっていることが示唆されています。

スキルが中心の自立支援では，おとなは指導者としての役割を担い，指導的な自立支援が行われることになります。子どもの動機づけを無視した指導的な自立支援であれば，子どもにとって支援者は口うるさい存在となり，関係が悪化してしまうリスクがある（高橋，2013）ということが指摘されています。一方で，子どもの動機を高め，主体的に取り組むことを促進するような自立支援では，子どもと支援者は横並びの関係であり，子ども自身の考えや想いにも焦点が当たるようになっていきます。こうした自立支援では，子どもの「こうなりたい」という意見が重視され，アドボカシーの原則に基づいた支援が行われていくようになると考えられます。CCPを行うことで，施設全体の自立や自立支援についての意識が変化していく可能性があることが示唆されています。

（4）職員にとって子どもと将来・自立について話題にするきっかけとなる

アンケートの中で多く見られた記述の1つが，「CCPをきっかけに進路の話をすることが増えた」というように，CCPに子どもが参加することによって，子どもと将来のこと，自立のことについて話題にするきっかけができたということでした。こうした記述からは，何がどのようにきっかけとなったかを知ることはできませんでしたが，いくつか推測をすることはできます。

例えば，この施設での取り組みでは，CCPに参加した子どもたちは毎回取り組んだことや感想を書いてファイルに閉じます（詳細は第8章参照）。担当職員はそのファイルを読み，次の回のCCPまでにコメントを記入します。そうすることで担当職員はCCPに参加しなくても，子どもたちがどのようなことに取り組んだかを知ることができます。そうしたことがきっかけとなり，子どもと将来や自立について話をするようになったのかもしれません。

上記2(3)とも関係しますが，従来の自立支援では，支援者は子どもに対して将来や自立のことについて教える立場にある存在でした。あるいは，将来や自立のことを子どもがど

う考えているかを問いただす存在であったかもしれません。しかし，横並びの自立支援では，支援者は教える立場でも，問いただす立場でもなく，子どもと一緒に考えるという立場をとることが多くなります。

　自立について教えるためには，おとなが知識やスキルとともに，自立についての確固たる考えや明確な方向性を持っていなくては教えられないのではないでしょうか。ちなみに，私（井出）も子どもたちに自立について正しいことを教えなさいと言われたら自信がないので，積極的に話をすることができなくなるかもしれないなと思います。それは，生い立ちに困難を抱える子どもたちの自立を巡る不確定さが影響しているかもしれません。

　しかし，「これってどういうことだろうね」，「あなたはどんな気持ちなの」ということを問いかけながら一緒に考えるということは，おとな自身が自立について正解や明確な見通しを持っていなくてもできます。そうした自立支援に対する意識の変化が，職員にとって子どもと将来のことや自立のことについて話をしやすい関係をつくるのに役立ったのかもしれません。

（5）子どもが実際に将来のことについて考えるきっかけとなる

　先に示したのはCCPが子どもと職員が将来のこと，自立のことについて話をするきっかけとなるということでした。

　それに対して，「将来の生き方を自分ではなかなか見付けられないと思うので，子どもたちにとって良い学びになると思う」，「子どもたちがCCPを経験することでいろいろなことを考えたり，目標も持てるようになると思う」というようにCCPを経験することは子どもたち自身が，実際に，将来のことや自立のことについて考えるきっかけとなるだろうという職員の意見が見られました。

　これはCCPの意味や意義というよりも，子どもたちにとって，CCPはこういう機会であってほしいという想いを示す内容と言った方が適当かもしれません。

　ただ，第6章に示したように，実際に子どもたちはCCPを通して肯定的な将来展望を描けるようになったとは言えないものの，将来のことを考えようとする傾向（将来への志向性）が高まったことが示されており，職員が望むような効果が得られていると言えるかもしれません。

（6）子どもに見られる変化－継続して実施することの意義

　CCPに参加した子どもたちが将来の夢ややりたい仕事について話をするようになったという報告や「学習意欲が出てきている」という報告が記述されていました。

　これは子どもと一緒にCCPに取り組んできたWGのメンバーも経験的には感じてきたことです。しかし，確かにそうした変化が継続して見られた子どもたちもいますが，すべての子どもに見られたかというとそうではありません。あるいは，こうした変化が中長期的に見て，

第7章 キャリア・カウンセリング・プロジェクト（CCP）と日常の養育・支援

継続したかというと多くの場合そうでもありません。

　CCPに参加して短期的には「こうなりたい」という将来の姿を思い描いたり，それを実現するために学習に取り組む姿が見られた子どもたちもいます。しかし，彼らの多くは時間の経過とともにCCPに取り組む前のような生活に戻っていってしまいました。こうした子どもたちの姿は，第6章で示した実証的な効果検証の内容とも重なります。つまり，肯定的な将来展望を描くことができるようになったわけではありませんが，将来のことについて考えてみようというレディネスの形成には肯定的な変化が見られたということです。

　私たちが感じているのは，CCPは短期的には将来の夢ややりたいことなど肯定的な将来展望を持つことやそれに伴い，学習意欲が高まるという効果があるかもしれませんが，その効果を維持し，発展させるためには，継続したCCPへの参加や日常生活の中での職員とのやり取りの中にCCPでの取り組みが反映されていくことが必要だということです。

（7）将来を考える風土の醸成－参加に積極的ではない子どもを参加へ導く

　CCPを始めた当初は「この子こそCCPに参加してほしい」とおとなが思う子どもほど，CCPには参加しませんでした。

　つまり，家庭的にも難しく，本人の性格や能力を考えても施設を巣立った後の生活が心配だとおとなが思っていても，そういう子どもほど自発的には参加してくれなかったというわけです。子どもたちにとっては，過去を振り返ることに比べると，将来のことに取り組むことは比較的負担は少ないですが，不安が喚起されたりするような作業ではあります。参加してほしいと思う子どもにはCCPがどのようなもので，なぜあなたに必要なのかを何度か説明をして，参加を促すことがありますが，決して，参加の強制はしませんでした。

　第6章に示したように，CCPに参加した子どもと参加しなかった子どもを比較してみると，参加しなかった子どもの自尊感情が低いことが明らかになっています。これは，CCPに自発的に参加すること（将来のことについて考えること）には，自尊感情の高さが影響を与えており，自尊感情が低い子どもたちは将来のことについて考えることに積極的に取り組みたいとは思っていないことを示唆していると言えます。このように，周囲から見ると自尊感情が低く，この子こそCCPに参加してほしいと思うような子どもにCCPに参加してもらうことは，CCPを進めていくうえでの大きな課題の1つでした。

　しかし，数年間CCPを続けていると，徐々に変化が見られるようになってきました。CCPを継続して実施していると，徐々に子どもたちの中に，一定の年齢になるとCCPに参加するという文化ができてきます。私たちは概ね小学校6年生以上をCCPの対象としてきましたので，それくらいの年齢になるとCCPに興味を示し，「オレも出るんでしょ？」，「私もそろそろ？」と言ってくるような子どもたちが現れました。また，アンケートの記述内容に「参加した子どもたちが参加していない子どもに『絶対参加した方が良いよ』と声をかけている」という記述もあり，子どもたちの中でCCPへの参加を促す力も機能し始めています。

このように，継続して取り組むことによって，徐々に施設や支援機関の中にCCPに参加したり，将来について考えたりすることに取り組む風土が醸成され，当初はなかなか参加しようとしなかった「この子こそCCPに参加してほしい」という子どもたちもCCPに関心を持つようになってくることもあります。CCPに取り組む時，最初から「この子こそCCPに参加してほしい」という子どもを対象として想定するのではなく，「この子たちだったら上手くやれるだろうな」と思われる子どもたちを対象として開始する方が，その後の取り組みに繋がりやすいかもしれません。

（8）職員が自身の将来展望やキャリア形成に目を向ける－職員を育成する機会

CCPは，子どもたちが「将来のことについて考えるって楽しいな」，「おとなになるのも悪くないな」と思えるような取り組みであることを目指してきました。

アンケートの記述内容を見ても，「おとなから見てもとても楽しそうな内容なので，とても意味があるし，興味が持ちやすく，子どもも楽しみにしていると思う」，「内容がおとなも子どもも楽しめる内容でとてもいいなあと思う。私も参加してみたい」というように，職員も参加したいという声も多く挙げられました。

その中でも職員自身も「自分のキャリアについて考えてみたい」，「おとなの自分にとっても振り返りができたり，勉強になったりすると思う」というように，職員自身が自分の将来展望やキャリアに目を向ける機会にもなるという記述が見られました。

CCPにはWGのメンバーの他にも交代で職員が見学やサポートに入ることがあります。そうした時には子どもたちと同じ活動に取り組んでもらいますが，気が付くと子ども以上に熱心に取り組んでいる職員も少なくありません。

将来設計をしたり，自分の強みについて考えたりするのは，おとなである私たちにとってもなかなか興味深く，楽しい時間だったりします。特に施設職員は離職率の高さが問題視されていることからも，この点は重要な要素なのではないでしょうか。子どもたちと一緒に自分のキャリアについて，中長期的な視点から考えることは若手職員を育成するということにも役立つかもしれません。

3　CCPに取り組む意義－支援者の視点から

第6章では参加した子どもの視点からCCPの効果と意義について検討しましたが，ここでは施設職員への調査結果に基づいて，生い立ちに困難を抱える子どもへの支援に取り組む他の施設や里親家庭，支援機関等でCCPに取り組むことにどのような意義があると考えられるのかについて検討してみたいと思います。

生い立ちに困難を抱える子どもへの支援と言っても，児童養護施設は集団生活の場であるのに対して，里親家庭では個々の家庭や個人単位が基本となります。また，通所型の施設のようなところや学校現場まで含めるとかなり多様な形態となります。しかし，ここに示す

CCPに取り組む意義については，支援形態にかかわらず，自立支援を進めていく際に重要な視点になると考えられます。

（1）自立支援のあり方を見直す機会－課題の明確化
　CCPに取り組むことは目の前の子どもたちの自立に関する課題だけでなく，施設や支援機関が抱える自立支援上の課題を明確にする作業です。
　繰り返し述べてきたことですが，CCPは決められた内容をすべての対象者に実施するといった性質のものではなく，基本的な考え方をもとに（つまり，CCP実施のためには，基本理念の理解が何より大事になります），対象となる子どもたちや施設・支援機関の状況に応じて内容を構成していくものです。CCPでは自立に向けたレディネスを形成することを大きな目的としますが，一人暮らしをする際に必須となる知識や社会で生きていくためのスキルを身に付けるための時間を設定することもあります。
　このようにCCPは子どもたちの実態に応じ，その施設や支援機関の支援者が子どもたちにどのような時間を提供したいかに基づいて構成されるものです。そうした時間を実現するためには，それぞれの施設や支援機関で子どもたちの自立に関する課題や，施設や支援機関が抱える自立支援上の課題を明確化していく必要があります。

（2）チームで子どもの自立を支える体制を整備する機会
　CCPではWGを構成して子どもたちの自立支援に取り組みます。集団養育の場である施設でも，担当養育者はやはり担当の子どもに対して特別の責任を感じていたりするものです。CCPに取り組むことを通してこうしたチーム構造をつくることは，子どもの自立について一人の担当職員だけが抱え込まない構造をつくることでもあります。
　例えば，里親家庭で暮らす子どもを対象にしたCCPを実施することを想定すると，複数の里親家庭で暮らす子どもたちが集まってCCPを進めることになります。そのためには事前に支援者である里親や里親支援機関が集まってCCPを進めるための協議を重ね，里親家庭の子どもたちの自立に関する課題や，里親支援機関が抱える自立支援上の課題が明確化されていくことになります。
　そうすることで，それまで里親が個人で抱えていた里子の自立を巡る課題は，個別化された里親個人の課題ではなく，CCPに参加する子どもの里親や里親支援機関にとっての課題としてオープンとなり，共有されることになります。そして，チームとして話し合って課題を解決するためのCCPの内容を検討することができます。WGを中心として，チームとして自立支援を考える体制が整えやすくなるという利点は，CCPに取り組む意義の1つであると言えるでしょう。

（3）自立支援の内容を膨らませる機会－早期のリービングケアとインケア
（i）3つの支援
　児童養護施設における子どもへの支援はインケア，リービングケア，アフターケアの3つに分けられるとされています（山縣，1989）。

　インケアとは，日々の子どもたちの生活支援など施設内で行われる支援のことで，アフターケアは施設を退所した後に行われる支援です。リービングケアは，インケアとアフターケアの中間にあり，施設から巣立っていくための支援であると位置づけられています。よって，児童養護施設におけるリービングケアの多くは子どもたちが施設からの退所を目前に控えた時期に行われます（第2章参照）。このような退所を目前にして行われる自立支援では，時間の制約があり，どうしても社会で生きていくために必要な技術的スキルを教えることに偏った支援になっているのが現状です。

（ii）リービングケアだけなくインケアにつながるCCP
　CCPも将来のことやおとなになることについて取り組むため，リービングケアの取り組みの1つだと言えます。しかし，CCPの特徴の1つに，小学校高学年以上の子どもを対象として，早い時期から自立についてイメージしたり，考えたりすることに取り組む点があります。早くから取り組むことで，退所を目前に控えた時期に取り組むリービングケアよりも，幅広く自立に向けた準備を進めることができるでしょう。

　また，CCPの理論的な背景として位置づけている時間的展望療法（第1章参照）の考え方を参照するならば，肯定的な展望を描くことができるようになることは，現在の生活にも肯定的な影響を与えることにもつながります。第6章で説明した通り，実際に，施設児童を対象とした調査では，将来への志向性を高めることは，現在の生活における空虚感を低下させ，自尊感情を高める可能性があることが実証されており（井出，2017），CCPのように将来展望を育む自立支援が現在の生活にも肯定的な影響を及ぼすことが示されています。

　つまり，生い立ちに困難を抱える子どもたちの支援では，彼らが示す様々な"問題"とされるような行動を解決するために「過去」や「現在」に焦点を当てがちですが，CCPのような「将来」も踏まえた時間的なつながりを意識した支援を行うことによって，リービングケアは単に自立に向けた支援であるだけではなく，日々の生活における充実感を高め，自尊感情を高めるといったインケアとしての意味も含むものとして位置づけられるようになっていくことが示唆されています。

（4）子どもと支援者が将来について取り組むきっかけ
　近年，学校教育ではキャリア教育に力が入れられるようになってきていますが，CCPに参加した子どもへのインタビューでは，施設で暮らす子どもたちは一般的な家庭で暮らす子どもとの境遇の違いから，学校で行われるキャリア教育の時間にはその場しのぎの話をしている様子が語られました。一方，施設の中では同じような境遇にある子どもたち同士で，施設

を退所した後，どこで暮らすのか（家族のもとに戻るのか）などについて話しているということも示されました。さらにCCPの時間では，似たような境遇を持つ子ども同士で，気兼ねなく（楽しく）自分の将来のことについて話をすることができることがわかりました。こうした子どもたちの様子は，職員から見ていても実感できるようで，CCPに参加することは子どもが自立や将来について考えるきっかけになっていることがアンケート結果において示されました。

また，アンケート結果からは，子ども自身が考えるきっかけというだけでなく，多忙なために子どもと職員が自立や将来について話をする機会が取りにくい中で，子どもと職員が話をするきっかけになっているということも示されています。CCPを通じて自立や将来のことについて取り組んでいることが明確になることで，子どもと職員の間に自立や将来のことについて話し合うきっかけが生じやすくなっていました。

この点については里親家庭においても，同様の効果をもたらすと考えられます。CCPに取り組むために，里親さんたちとの話し合いを進めていた時，里親家庭ではなかなか自立や将来のことについて子どもたちと話ができていない状況にあることを知りました。もちろん，個人差（家庭差）はあるでしょうし，真実告知（第9章参照）との関連もあるでしょう。しかし，程度の差はあっても，里親さんたちが里子として預かっている子どもたちと自立や将来のことについて話をするきっかけを見付けられずにいるという現状は多少なりとも，それぞれの里親家庭に存在するようです。

こうした時，子どもたちがCCPに取り組むことだけではなく，CCPに参加することについて里親子で話をすること自体に非常に大きな意味があるとも考えられます。いずれにしてもCCPに取り組むことで，子ども自身が，あるいは子どもとおとなが自立や将来のことについて話をするきっかけとなるということは，対象となる子どもたちや場所（施設や支援機関）が変わっても共通する重要な要因となると考えられます。

（5）自立や将来のことについて考える風土をつくる機会

施設や支援機関でCCPに取り組もうとする時，最初の年の取り組みは非常に重要な意味を持ちます。

おそらく将来のことや自立のことについて取り組む時間を取るということに対する戸惑いや新たな取り組みを行うことについての抵抗等が感じられることでしょう。最初の取り組みは「失敗できない」，「成果を挙げなければならいない」というプレッシャーとともに進められるかもしれません。CCPの対象となる子どもたちを考えた時，退所を間近に控えていたり，なかなか将来や自立のことについて話ができなかったりするような「この子こそ参加してほしい」という子どもを対象として想定するかもしれません。あるいは，幅広い年齢の子どもたちを対象としたいと考えるかもしれません。しかし，繰り返しになりますが，「この子こそ参加してほしい」とおとなが思う子どもほど，CCPに参加しようとしてくれないことがあ

ります。あるいは，年齢や能力的な特徴の幅が広くなればなるほど，毎回の内容の検討や準備に時間がかかってしまうかもしれません。特に最初の年の取り組みは手探りの中で進められていくことになります。実際，私たちがCCPに取り組む際にも，「ぜひ，この子に参加してもらいたい（参加させたい）」という子どもを対象にすることを検討しましたが，子ども自身が希望しなかったために断念せざるを得ませんでした。この子にこそ必要という子どもの参加を獲得できなかったことについて，WGは責任や力不足を感じていました。しかし，先述の通り，実施回数を重ねるたびに，子どもたちの口コミによって，自主的に参加してくれたりして広がっていった感覚があります。

　つまり，アンケート結果からもわかる通り，CCPに取り組むことは，CCPの中だけで将来のことや自立のことについて取り組むのではなく，施設中に自立や将来のことについて考える風土をつくり上げていく作業にもなったのです。

　おそらく，これはCCPが子どもたちにとって「やらなければならないこと」であったり，「楽しくないもの」であったりしたならばそうはならなかったと思います。施設は集団生活の場ですので，年長の子どもがある年齢になったらCCPに参加する姿を年少の子どもたちは目の前で見ており，そうした環境，集団力動が風土をつくり上げることに寄与していると言えるでしょう。それに対して，里親家庭のような場所では環境や集団力動の力を用いることは少し難しいかもしれません。それでも，CCPに取り組むことで，自立や将来のことについて考える風土を醸成するという視点を持っておくことは重要であると思われます。

〔引用文献〕

井出智博（2017）児童養護施設児童にとって将来の夢は自尊感情を育むことに繋がるのか．日本心理学会第81回大会発表論文集，1A-024.

高橋菜穂子（2013）児童養護施設職員による長期的意味づけから捉える自立支援の展望．教育方法の探求，16, 25-32.

山縣文治（1989）児童養護におけるリービング・ケア．ソーシャルワーク研究，15(1)，44-50.

COLUMN 8

里親家庭と自立支援

高井　篤

1 │ 里親家庭のこと

　里親になって今まで家族として5人の子どもと生活を一緒にしてきました。中学生や高校生の時に我が家へ委託された子どももいました。今いる中学生の子どもは乳児院からの措置変更で10年目になります。皆さんの周りにも，様々な事情で家庭を離れて生活をしなければならない子どもが少なからずいます。

　児童福祉法の大幅な改正（2017年）により「子どもが権利の主体者」であること，社会的養育においては「家庭養育が優先すること」が明文化されました。この15年間くらいで里親制度はようやく「個人的な養育」から「社会的な養育」，また「親の代替」から「親の補完」へと変わりつつあります。また短期での委託や中高校生の委託も増えています。

　里親養育には，ある年齢から子どもとの関係がはじまるという難しさがあります。試し行動など適応過程での問題があります。愛着や発達の問題を抱えた子ども，そしておとなへの不信感や挑発的な言動を持っている子どもとの関わりの難しさがあります。

　けれども里親は家庭が持っている養育の可能性を引き出します。また地域の中で一般家庭と同じように家庭生活をしていることが里親家庭の特徴です。個人との関係においても愛着の形成には充分な空間であり，家族や自分のこと，家庭生活のことを考える時間が持てると思います。子ども・実親・里親への支援体制は十分とは言えませんが，児童相談所や関係機関によるサポートも充実してきています。

2 │ 里親家庭における自立支援

　自立を「他人との関わりの中で，相互依存関係を自分で選択できるようになること，あるいは援助を受けながら自立の力を付けていくこと，夢や希望等の目的を持って生活をしていくこと」と考えるとき，里親家庭において日常生活の経験を積むことが，社会生活で適応していく力になると思います。けれども，子どもの生い立ちからくる思い，対人関係のとり方，また持っている能力も一人ひとり違います。自立に向けてのすべての準備ができるような支援は，里親のみで対応することは難しいことです。

　子どもは自立期になると，自分の生い立ちや進路のこと，親との関係をより真剣に考えますが，里親がそのことに適切な対応や整理ができないと子どもとの関係が難しくなります。里親は子どもの親と関わりながら養育に関わることはほとんどなく，多くが児童相談所の担当福祉

司が実親との関係を担います。福祉司と密な連携をつくり，親の意向と子どもの気持ちを把握しながら自立を目指します。

発達に問題のある子どもの悩みもよく聞きます。我が家にも障がいのある子どもがいます。実親に振り回される子ども，年齢相応に自立を語ることができない子ども，学校等でいじめや差別を受けてきた子どもの対応に戸惑います。そんな子どもたちの自立とは何だろうかと思います。「療育手帳」を取得していれば，生活や働くことについての「障害者総合支援法」を受けられますが，ほとんどはその支援の対象にはならない子どもたちです。彼らの居場所や生きていくうえでの心の支えはどこだろうと思います。

進路選択に向けては，児童相談所や学校と定期的に話し合いを持ちます。友達関係や将来のこと，アルバイトのこと，委託解除後の生活の拠点，保証人や大学等への進学資金のことなどがあります。他にも18歳以降の措置（委託）期間の延長を検討します。子どもたちの相談場所の確保は困難なことが多いので悩みます。里親家庭で育った子どもを里親が普通養子縁組にするなど，里親家庭が実家になることがありますが，里親が個人的に実家の機能を抱えることには限界があります。

3 │ 自立支援のエピソード

以下，3つの里親家庭を経験した子どものエピソードを紹介します。

（1）2歳から里親家庭へ（実親・里親と自立）

大学卒業を控えていたA子さんが里親会の研修で次のように話をしてくれました。

「2歳から里親家庭で育ちました。里親の苗字（通称）にしていたので，大学入試の時から本名で通しています。大学に入る際，奨学金を頂けることになりました。その奨学生が集まる会に参加し，多くの出会いがあり，私と同じように自分の夢を叶えようとしている仲間がいて，応援してくれる人がいました。

私は実親のことは全く覚えていません。2歳のとき実母は私を置いて蒸発しました。中学生のとき，里子であるという事実を受け入れられなかった時がありました。なぜ生まれてきたのか，自分は捨て子だ，産まれてこないほうが良かったのだ，と記憶にない実親を責めたことがありました。どこに向けることのできない気持ちを抱え，一人さみしい気持ちになり泣いたこともありました。高校生のとき，母に実親に会ってみたければ捜そうと言われ，何を話したらと考えました。すると，なぜ自分を産んだのか，新しい家庭を築いているのなら，壊してやりたい，苦しめてやりたいなど自分の中の汚い気持ちしか出てきませんでした。そういう自分が情けなかったです。今は他の人と変わりない生活を送っています。家族と呼べる人もいて，実親に会いたいと思えません。私は受け入れられる自信が無いのです。今は自分の人生に関わってほしくないと思います。」

彼女は実親を否定的に捉えることに心の揺れがありました。里親と苗字が違えば生い立ちの

話になります。しかし，自分の気持ちを周りに伝えられません。自分は捨てられた子だと存在を疑い不安になることもあります。親権者がいない場合や対応できない場合は，通帳やパスポートもすぐには発行できません。A子さんには，自立期に同じ悩みを持つ仲間，応援してくれる人がいます。いつも見守ってくれる人，心の拠り所になっている里親がいること，それが大切なことでした。

（2）施設から里親家庭へ（孤立・就職と自立）

5歳で施設に預けられました。実親に頼ることができる家庭ではありませんでしたが，中学校卒業時になり本人の強い希望で自宅から高校進学しました。高校生活は経済的に厳しく，アルバイトに明け暮れる毎日で，心身共に疲れ，高校2年生の夏休みから引きこもりました。友達には自分のことは話せないという思いが強く，学校には相談できる友達はいませんでしたが，施設にいた頃の友達とは会っていました。

高校2年の3学期に里親宅に来てからは，卒業したいという思いで学業に取り組んでいましたが，自ら担当の福祉司に妊娠の疑いを相談しました。さびしかったとのことでした。しっかりしているようにみえましたが地に足がついていない気がしました。幸い本人の希望した就職先に決まりましたが，4ヶ月後に無断欠勤の連絡が入りました。その後出勤していません。

中学校を卒業し家庭復帰した時点で，児童相談所や施設あるいは地域の支援体制はどうだったのでしょうか。本人の性格は明るく，生活力もありましたが，心を許せる相手がいないなどの支えがなく孤立感がありました。前向きに生きることの困難さを感じました。委託中は担当の福祉司等に相談できていましたが，彼女を支えているものは何だろうかと思います。今の彼女に対する支援のあり方が問われています。

（3）自宅から里親家庭へ（障がい・実親と自立）

同居の男性から性的な虐待を受けたことに実母が守りきれず，特別支援学校高等部1年の時に里親委託になりました。母子共に知的能力の遅れがあります。3年近くの学校生活では思春期における友人関係で不安なこともありましたが，活発な女の子で，楽しく過ごしていました。里親宅では感情を出してぶつかり合うこともありましたが，20代後半になった今でも連絡があり，年に2回くらい泊まりにきます。

高等部3年の3学期のはじめ実母の強い希望で引き取られました。委託中には実母との面会は定期的にあり，本人は母を嫌がることはありませんでしたが，母には子どもがいることによる金銭的な思惑がみえました。就職先の職場は面倒見がよく本人も気に入っており，母の住むアパートから職場に通勤しましたが，母の執拗な職場への介入により辞めざるを得なくなりました。

また給料は母が預かりそれを生活費に充てられ，娘には小遣いを与えていました。他にも外出の制限や新興宗教への強要を受けていたので，母との生活から逃れたいと思っていました。彼女は相談をすることを知っていたので，グループホームに入れることになりました。母は通

帳や印鑑を管理していて，娘を手放そうとしませんでしたが，グループホームに入居する当日は警察，市障害福祉課，障害者就業生活支援センターの各担当者そして里親が立ち会う中，無事に独立した自立生活に向かうことになりました。

彼女は自分の夢を持っています。大型店舗で清掃の仕事をしながら，定時制の高校に通っています。けれども一人での生活や働くことに能力的な限界もあり，これから生きていくうえでの困難をどのように考えているのでしょうか。グループホームという身近に支えてくれる存在から離れることになったら，と思うと不安になります。

4 里親家庭における自立支援の課題

里親養育は児童相談所や里親支援機関のスタッフ，地域の関係機関等，子どもを取り巻く関係者と里親が共に協働することにより成り立ちます。そのためにも「自立支援計画」が子どもに対する計画的な自立支援に繋がるような実質的な運用が望まれます。里親には相談できる人が必要であり，社会の中で共に養育することが求められています。

思春期の子どもに対する里親の養育不調は見えにくい問題です。このことは里親家庭への適切な支援によって，関係を修復するなどの機会が必要です。不調内容によっては関係修復が不可能なこともあるでしょう。実親との関係など生い立ちの整理が必要かもしれません。里親は子どもと向き合う姿勢が大切です。

進路選択時には児童養護施設の自立支援に学ぶこと，施設から支援を受けることも里親家庭にとって必要です。また施設で生活をする同年代の子どもたちとの交流も意味があることです。里親と施設の距離を縮めることが，施設の里親家庭への理解にもなり，自立に関わる支援体制の拡がりも見えてくると思います。

大学等の進学に対する支援事業が少しずつ整備され選択しやすくなりましたが，まだ経済的負担は子どもの自立にとって大きな負担になっています。何よりも里親を離れた時の生活拠点と生活や就労を支援する体制がほとんど整っていないこと，また「実家」的な安心できる場所，「心の支え」となる場所，相談できる所がほとんどないことが，里親の心を痛めます。

第 8 章

キャリア・カウンセリングのワーク集

井出 智博・片山 由季・森岡 真樹

　ここまで将来展望を育む自立支援としてのCCPの理念や理論的な背景，実際について示してきました。

　この章ではCCPの中で行うワークの内容を紹介したいと思います。なお，ここに示すワークはあくまでも，私たちが取り組んできた内容の，ある時点の形を切り取ったものに過ぎないことに留意頂ければと思います。子どもたちの様子や施設や支援機関で行われているその他の自立支援の内容によってワークの内容は異なるためです（第4章のCCPの展開についての表4-3参照）。

　第4章でCCPの概要を説明した通りCCPは，アクション・リサーチ・モデル（ARM）を採用し，〔現状の把握〕→〔分析〕→〔計画〕→〔実行〕→〔評価〕のサイクルを繰り返すことによって対象となる参加者に合った取り組みを創出します。したがって，10回のCCPを実施する際，1回目から10回目までの内容があらかじめ決まっていて，それをそのまま実施すれば良いというようなものではなく，参加している子どもたちの状況やその回の目的を考慮し，その都度，ワークを検討することを重ねてつくり上げていくことになります。そのため，基本概念・構成概念を十分に理解したうえで，CCPに取り組んで頂く必要があります。

　なお，基本概念や構成概念には含まれていませんが，別途，実施にあたって重要な事項を以下に整理してみましたので，参考にしてください。

1　おとなの役割

　CCPを実施するにあたって，WGのメンバーからファシリテーター役を一人選びます。毎回の活動の内容を説明したり，進行を務めたりしながら，参加者相互の関係性を促進するような役割です。ファシリテーターは，エンカウンター・グループ等のグループ体験が豊富な人が適任でしょう。

　WGのメンバーを始めとするその他のおとなは参加者としてCCPに参加し，子どもたちと一緒にワークに取り組みます（何人くらいのおとなが一緒に参加するかについては子どもの様子等をもとに検討してください）。参加者となったおとなが，時には子ども以上にワークに熱中してしまうこともありますが，こうした姿に触れることも子どもたちにとっては良い刺激になります。適度である必要はありますが，子どもと共に熱中して取り組むと良いでしょう。

ただし，ワークに上手く取り組めなかったり，考えを整理することができない子どももいますので，その際には子どものサポート役を担ってください。子どもたちに「どう思う？」と問いかけたり，「あなたにはこういうところがあるよね」と日頃の様子をフィードバックしたりすることでワークに取り組むことへのサポートをします。

2　伝える工夫

生い立ちに困難を抱える子どもたちの中には，ワークの説明をしたり，情報を伝達したりする際，口頭での伝達だけでは上手く伝わらない子どもたちもいます。参加する子どもたちの特徴を最もよく理解している施設や支援機関の職員は，その特徴に応じて，例えば次のように子どもたちに伝える際の工夫をしましょう。

（ⅰ）口頭で伝達するだけでなく，スライドを投影し，視覚的にも理解できるようにすることや手元に資料を配布する
（ⅱ）ワークの内容を細かく区切って進める
（ⅲ）抽象的な作業ではなく具体的な作業に落とし込む

こうした支援を組み入れるためには，子どもの個性を適切に見立てる（把握する）ことが重要です。子どもたちが将来のことを考えることに取り組みやすくするためには，おとなの側に十分な準備と配慮が不可欠であることに留意しましょう。

3　十分に時間をかける－将来展望を描くことが苦手な子どもへの対応

生い立ちに困難を抱える子どもたちは，おとなになることや将来展望を描くことに特別な配慮が必要な子どもたちと言い換えることができるかもしれません。

例えば，虐待を経験してきた子どもたちは，暴力や言葉でコントロールされてきた経験を持つ子どもたちです。彼らは虐待的な環境下で，少し先のことを思い描いても，それは自分の意志ではなく周囲のコントロールによって実現しなかったという経験を重ねてきたかもしれません。結果的に，少し先のことであっても思い描けなかったり，自分の意志で何かを決めることが難しいこともあるでしょう。

CCPではそうした子どもたちが将来展望を描くことができるようになることを目指しますが，そうなっていく速度はとてもゆっくりかもしれませんし，不安を示したりする子どももいるかもしれせん。それは1つひとつのワークの中にも表れます。自分の好きなことを考えたり，なりたい自分についてイメージしたりする作業に時間がかかることもあります。そうした時，彼らを急かすのではなく，十分な時間を確保しましょう。また，その時間内に作業が終わらなくても，個別に別の時間を設けるなどの配慮について考えてみてください。CCPでは，生い立ちに困難を抱える子どもたちが楽しく将来について考えることを目指し，おとなはそのために必要な工夫や配慮を重ねます。

4　日常の支援との連続性－振り返りシートの作成

　第5章で説明しましたが，私たちの児童養護施設での取り組みでは，参加する子ども一人ひとりにファイルを準備しています。このファイルには毎回取り組んだワークシートや振り返りシート（資料）を綴じていきます。振り返りシートにはその日に取り組んだ内容に関するメモと感想を子どもが記入できるようになっており，さらにその内容を読んだ子どもの担当職員等のおとなからのコメントを記入する欄が設けられています。

　例えば，第1回目のCCPに参加した子どもたちはその回の終了前に振り返りシートにメモや感想を記入します。その振り返りシートは担当職員や担当グループに渡され，担当職員は子どもが記入した内容に対してコメントを付します。第2回目のCCPの開始冒頭に子どもたちは担当職員が付したコメントを読みます。こうすることで前回どのようなことに取り組んだかを子ども自身が想起し，その日のCCPに気持ちを向けやすくすることにもなります。

　また，CCPにはWGのメンバーは必ず参加しますが，担当職員は毎回出席できるとは限りません。そんな時でも，このようにファイルがあることで，その時の内容をおとなが把握することができます。振り返りシートは子どもと担当職員をつなぐものであり，それはCCPの時間と日常をつなぐということも意味しています。CCPの時間以外において，担当職員は子どもと直接的にCCPの内容について話をすることもあるでしょうし，進路や就職など将来の生活について話をする際に，このシートを参照することもできます。何よりも，将来のことについて話題にしやすくなることでしょう。

　日常の支援とCCPの取り組みをつなぐ工夫には，このような振り返りシートだけでなく，様々な形があると思います。それぞれの施設や支援機関で検討してみてください。

キャリア・カウンセリング・プロジェクト

第　　回　振り返りシート

○ 今日，取り組んだ内容

○ 考えたこと，感じたこと

| 担当からひとこと | 心理職からひとこと | 男子棟リーダーから
ひとこと |

WORK 1　おとなはどうやっておとなになったの？

1　活動のねらい

　このワークでは，子どもたちにとって身近なおとなの生い立ちについての話を聞くことで，おとなの生活や将来のことについて考えるきっかけをつくります。このワークはこれから始まるCCP全体への導入をねらいとして，第1回目に行います。

2　準備物

　最も大切なのは話題提供者となるおとなの準備です。話題提供者は施設であれば生活を共にしている関わりの深い職員が適任でしょう。里親家庭の場合には，成人した里親家庭経験者を招くのも良いかもしれません。大切なのは子どもたちにとって見ず知らずの人ではなく，「この人の話だったら聞いてみたいな」と思えるようなおとなを話題提供者とすることです。

　話題提供者には，事前に話をする内容を整理しておいてもらいます。必要に応じて，子ども時代や学生時代等の写真等を準備しても良いでしょう。この時，原稿を準備して読み上げるのではなく，子どもたちの反応を見ながら対話するように話をする準備をしてください。必要に応じて話題提供者が準備を進めるための「準備ワークシート」を参考にしてください。

3　活動の流れ

（1）導入

　まずは，次のように今日何を行うのか，子どもたちの反応を確認しながら説明します。

　「これから皆さんは，いろいろな経験をしながらおとなになっていきます。周りを見渡してみてください。この部屋にも何人かおとながいますね。この人たちにも皆さんのように小学生や中学生，高校生だった時期があります。どんな子どもだったか想像できますか？　そんな子どもの頃から，どのようにしておとなになってきたんでしょうか？　皆さんは聞いたことがありますか？　今日は○○さん（話題提供者）がどんな子ども時代を過ごして，どんな経験をして，どうしてこの仕事に就いたのかなどの話を聴いてみましょう。」

（2）展開

　話題提供の時間は概ね20～30分程度です。話題提供の後で質問の時間をとっても良いですし，話を聞きながら途中で質問に答えてもらっても良いでしょう。大切なのは，子どもたちが静かに，行儀よく話を聞くことよりも，話題提供者の話に関心を持ち，いろんなことを聞いてみたいという気持ちを持ってくれることです。時には子どもの間でコソコソと「これってどういうことなんだろうね？」と耳打ちし合うようなこともあるかもしれません。そんな時にはそうしたつぶやきを質問として尋ねるように促すなどして周囲のおとなが拾い上げて

いくと良いでしょう。

（3）結び
　質問が終わったら話題提供者に謝辞を述べ，感謝の拍手を送り，次のようにCCP全体への導入をします。
　「今日は〇〇さんが子どもの頃からの話を聞きました。これからCCPでは，皆さんがどんな風におとなになっていきたいかということや，どんな将来を過ごしたいかということについて一緒に考えてみましょう。」

4　キーポイント
　自分の生い立ちを人に語るという経験はおとなにとっても慣れない作業です。しかし，自らの生い立ちを整理し，語ることは支援者にとっても重要な経験になると思います。

「おとなはどうやっておとなになったの？」（話題提供者用）準備ワークシート

　「おとなはどうやっておとなになったの？」というワークは，子どもたちにとって身近なおとなの語りを通して，子どもたちがおとなになることや将来について考えることについて考えるきっかけとなる時間を提供することを目的とするワークです。「おとながどうやっておとなになったのか」を語る時間で，子どもたちに「こうしてほしい」，「こうなってほしい」ということを伝える時間ではありません。

　お話を提供してもらう方には自分がどのようなことを考え，どのようなことを経験しておとなになってきたのか，おとなになった今，どのようなことを考え，どのような生活をしているのかについて，自分を語ってもらいます。子どもたちに興味を持ってもらえるように話す内容や話し方について考えてみてください。ぜひ，"立派なあなた"だけではなく，"あなたらしいあなた"についてお話をしてください。

　自分のことを自分の言葉で語ることはとても勇気がいることです。「子どもたちは興味を持って聞いてくれないんじゃないだろうか？」と思うかもしれませんが，これまでの経験では，子どもたちは思っているよりずっと身近なおとなが「どうやっておとなになったのか？」，「今，どんなことを考えて生きているのか？」ということに興味を持って話を聞いてくれます。ぜひ，自分の言葉で子どもたちに語りかけてみてください。

　以下，お話をしてもらう際に参考にしてもらえるように，語りのヒントとなる項目を挙げてみましたので，事前にどんなお話をするかについて考え，準備してみてください。

◆ 子どもの頃，住んでいた家，地域について
・あなたが暮らしていたのはどんな場所でしたか？　どんな人と一緒に暮らしていましたか？
・あなたの部屋はどんな部屋でしたか？　いつもきれいに片付いていましたか？
・子どもの頃，お気に入りの場所，秘密基地等がありましたか？　今でも，思い出に残っているのはどんな場所ですか？

◆ 学校や勉強に関して
・好きな教科，嫌いな教科は何でしたか？　嫌い，苦手な教科はどうしていましたか？
・小学生，中学生の頃の将来の夢は何でしたか？
・成績はどうでしたか？　勉強以外に得意，不得意だったことはどんなことがありますか？

◆ 子どもの頃の友達について
・どんな友達がいましたか？　どんなことをして遊びましたか？
・今でもその友達との付き合いはありますか？

◆ 進路について
　・高校はどんなことを考えて選択しましたか？　高校生活はどんな感じでしたか？
　・専門学校や大学には行きましたか？　なぜ，その進路を選んだのですか？　どうしてその学校を選んだのですか？
　・専門学校や大学生活はどんな感じでしたか？

◆ 就職について
　・いつ頃，就職について考え始めましたか？　どのようにして就職先を選びましたか？
　・就職する頃に考えていたことはどんなことでしたか？
　・就職する前に想像していたことと就職してからの現実との違いは？
　・仕事のやりがいは？　辞めたいと思ったことは？　これから先，どうしていきたいですか？

◆ あなたを支えてくれたこと，もの，ひと
　・あなたが生きてきた中で，あなたを支えてくれたことやもの，ひとはどんなものですか？

◆ おとなになった今の楽しみ
　・休みの日や終業後の時間にはどんなことをして過ごしていますか？
　・子どもたちに伝えたい「おとなの楽しみ」にはどんなものがありますか？
　・今の楽しみはどんなことですか？　1週間休みがあったら何をしたいですか？

◆ 将来のこと
　・これからどんな風に生きていきたいですか？（仕事，恋愛，結婚，趣味等）
　・貯金はどうしていますか？

◆ 恋愛について
　（※子どもたちが一番食いつくところかもしれません）
　・今までどんな恋愛をしてきましたか？　今，どんな恋愛をしていますか？
　・これからどんな恋愛をしていきたいですか？
　・結婚している方はなぜ結婚したのですか？

◆ 自分が大切にしてきたこと
　・あなたがここまで生きてきた中で大事にしてきたのはどのような価値観ですか？
　・困難に直面した時，あなたはそれをどのようにして乗り越えてきましたか？
　・これからどのようなことを大事にして生きていきたいですか？

◆ 伝える工夫
　・話したくないことは話さなくてOK。参加している子どものことを考えて，触れない方がよさそうな話題がある時には，その子のことをよく知る他の人にも相談して，話題にするかしないかを考えてみましょう。
　・写真やワークシート等あなたのこれまでを想像しやすいツールを準備してみましょう。
　・子どもたちの様子，反応も見ながら話してみましょう。

WORK 2　　　　　おとなの生活を知ろう

1　活動のねらい
　このワークでは，いろいろなおとなに1週間の生活を示してもらい，おとながどのように「おとなの時間」を過ごしているのかを理解することに取り組みます。特に，仕事をしている時間だけではなく，終業後の時間や余暇時間の過ごし方についても考えます。

2　準備物
　おとなの生活スケジュール

3　活動の流れ
（1）準備
　事前にいろいろな職業に就いているおとな（6名程度）に1週間のスケジュールを記入してもらいます。この時，一般的な生活を知るために，できるだけその人の生活を象徴するような日常が続いた1週間について記入してもらいましょう。また，イメージしやすいように子どもたちが知らない人ばかりではなく，施設職員や支援機関の職員など身近なおとなのスケジュールも加えておきましょう。

（2）導入
　次のように，今回のテーマとワーク内容を説明します。
　「おとなって普段，どんな生活をしているか知ってますか？　例えば施設の先生たちは施設にいない時間はどんな風に過ごしているでしょう？　お休みの日にはどんなことをして過ごしていると思いますか？」
　「もし，皆さんが就職をして一人で暮らし始めたとしたら，皆さんはどんな生活をするんでしょうね？　今日は，いろんなおとなたちが普段，どのように生活しているか1週間のスケジュールを見せてもらいましょう。仕事をしている時間はもちろんですが，それ以外の時間にどんなことをして過ごしているかにも注目してみてくださいね。」

（3）展開
　いろいろなおとなの1週間のスケジュールを紹介します。最初はその場にいるおとなのスケジュールの紹介から始めると良いでしょう。紹介しながら，子どもたちが紹介されたスケジュールをどう感じるのか，どんなところが良いなと思うのかなどを尋ねながら進めましょう。

（4）結び
　参加した子どもたちに自分がおとなになった時に，どのような時間を大切にしたいかを尋ねたり，話し合ったりしてみましょう。

4　キーポイント
　自立支援では，働くことや家事，金銭管理など生活するために「何かをしている時」に焦点が当たりがちですが，おとなはいつも生産的な何かをしているわけではありません。ボーっとしたり，マンガを読んだりしている時間もあるでしょう。私たちの生活においてはそうした時間がとても大切な時間だったりします。施設職員など支援を仕事とする人と一緒に過ごす時間が長い子どもたちの中にはそうした余暇の過ごし方をイメージすることが難しい子どもたちもいます。
　そこでこのワークでは，休日や仕事が終わってからの時間など余暇をどのように過ごしているかについても触れることを意識してもらうと良いでしょう。
　また，紹介する人を必ずしも社会人に限定する必要はありません。参加者の中に大学等への進学を考えている子どもがいる場合には大学生を加えても良いでしょう。また，小学生を対象とする場合には，その子どもたちが知っている高校生を加えても良いかもしれません。

「1週間の生活，教えて下さい！」スケジュールシート

年齢：　　　　才　　　　職業：

趣味：　　　　　　　　　　　家族：

	0	1	2	3	4	5	6	7	8	9	10	11	12	13	14	15	16	17	18	19	20	21	22	23	24
月																									
火																									
水																									
木																									
金																									
土																									
日																									

1週間の生活，教えて下さい！（記入例）

年齢：28歳　　　　職業：工場勤務

趣味：マンガを読むこと，携帯ゲーム　　　家族：自分，妻，子ども（2人；3歳と1歳）

曜日	時間帯別の行動
月	0-6 睡眠／6-7 起床・朝食 子どもの世話／7-8 出勤／8-18 仕事（途中休憩1時間）／18-19 帰宅／19-20 起床・夕食 子どもの世話／20-21 皿洗い 掃除／21-22 テレビ／22-24 マンガ
火	0-1 マンガ／1-7 睡眠／7-8 朝食 洗濯／8-9 出勤／9-19 仕事（途中休憩1時間）／19-20 帰宅／20-22 夕食 入浴／22-24 ぼーっとする
水	0-6 睡眠／6-7 起床・朝食 子どもの世話／7-8 保育園送り／8-9 昼寝／9-11 マンガ／11-14 友達と昼食 買い物／14-15 保育園迎え／15-17 入浴・夕食 子どもと遊ぶ，世話／17-21 テレビ／21-23 酒を飲む／23-24 睡眠
木	0-6 睡眠／6-7 起床・朝食 子どもの世話／7-8 出勤／8-18 仕事（途中休憩1時間）／18-19 帰宅／19-20 起床・夕食 子どもの世話／20-21 皿洗い 掃除／21-22 テレビ／22-24 マンガ
金	0-6 睡眠／6-7 起床・朝食 子どもの世話／7-8 出勤／8-18 仕事（途中休憩1時間）／18-22 飲み会／22-24 記憶があいまい…
土	0-7 睡眠／7-8 朝食 洗濯／8-9 ぼーっとする／9-19 仕事（途中休憩1時間）／19-20 帰宅／20-22 夕食 入浴／22-23 ゲーム／23-24 睡眠
日	0-7 睡眠／7-8 起床・朝食 子どもの世話／8-17 家族で出かける（公園，温泉，回転ずし）／17-21 テレビ，子どもの世話／21-23 ゲーム／23-24 睡眠

WORK 3　　いろいろなおとなの人生を知ろう

1　活動のねらい
　いろいろな生き方をしている人の人生に触れることで，自分が大切にしたい価値観や生き方について考えてみることに取り組みます。

2　準備物
　いろいろなおとなの人生ワークシート，いろいろな人生紹介スライド

3　活動の流れ
（1）準備
　いろいろな人生についてのエピソードを6名分程度準備します。そうしたエピソードを資料のようなワークシートとして配布する他に，全員が顔を上げて見ることができるように，スライドとして作成し，プロジェクターで映すと良いでしょう。

（2）導入
　次のように，今日のテーマとワーク内容を説明していきます。
　「皆さんは，これから生きていく中でどんなことを大事にしたいと思っていますか？　そう聞かれてもすぐに答えることは難しいかもしれませんね。今日は，いろいろな人がどんなことを大事にして，どんな風に生きてきたかを知ることで，みんながこれから生きていく中で大事にしたいことって何かな？　ということについて考えてみましょう。」

（3）展開
　自分の価値観を考えさせるために，まずは，おとなの生き方について話をします。
　「世の中にはいろいろな生き方をしている人たちがいます。まず，いろいろな人たちがどんな風に生きているかについてのエピソードを聞いてもらいたいと思います。その中で，あなたが『この人の生き方，いいなぁ』と思うものをいくつか選んでみてください。また，それ以外の人の人生の中でも，『この人のこういう生き方，いいなぁ』と思うところがあれば，ペンで線を引いてみましょう。」
　準備した複数名のエピソードを紹介しながら（ワークシートを配布し，スライドを投影しながら内容を確認していきます），子どもたちには「ここがいいな」というところに線を引いてもらったり，いいなと思う人の人生を選んだりしてもらいます。

（4）結び
　全部のエピソードを紹介し終えたら，どの人の人生を選んだのか，どんなところがいいと思ったのかについてシェアリングをしましょう。

4　キーポイント
　いいなと思う人の生き方を選ぶ際には，その人の価値観に目が向くように説明しましょう。
　例えば「Aさんは趣味である釣りを大事にして生きているけれど，私の趣味は釣りじゃないからな…」という狭い視野で捉えるのではなく，「趣味を大事にして生きているという価値観」に目を向けることで，その後のシェアリングが豊かになります。
　また，エピソードを準備する時には，子どもの状況を考慮しながら，おとなが伝えたいことに応じて紹介するエピソードを準備しましょう。30歳くらいの人のエピソードを準備しても良いでしょうし，自立して間もない20歳くらいの人生に焦点を当ててみても良いでしょう。また，高校生のエピソードを準備することで，高校生活について考えてみることもできます。
　いずれにしても，おとながいいと考える生き方だけではなく，多様な生き方を示すエピソードを準備し，子どもたちといろいろな人の人生について話し合ってみましょう。

「いろんなおとなの人生」（社会人版）ワークシート

　今日のテーマは「価値観（人生で何を大切にするか）」です。どんなことを大切にするかによって，人生は変わってきます。今日は，そのことについて考えてみましょう。
　次の6名の人たちは年齢が30歳くらいの人たちです。それぞれの人生を読んで，あなたが好きだと思う人生の順に1～6の数字を（　）の中に書き込んでみましょう。それぞれの人生の中でどんなところがいいなと思いますか？　いいなと思うところに線を引っ張ってみましょう。

（　　）マリコさん（35歳）の人生
　マリ子さんはキャリア・ウーマンです。中学，高校と一生懸命勉強し，大学に入学しました。大学でも勉強をがんばり，専門的な資格を取って大きな企業に就職しました。男性と同じように仕事をこなし，時には海外にも飛んで，仕事をしています。彼女に仕事をお願いすると，期限までに素晴らしい仕事を仕上げてくれると評判です。毎日の仕事が忙しく，特に興味もないので，男性とも付き合わず，独身ですし，結婚する予定もありません。仕事が生きがいです。でも，家に一人でいると，時々さびしく感じることもあります。

（　　）マサミさん（24歳）の人生
　マサミさんはいろいろなアルバイトをして暮らしています。中学生のころから勉強が嫌いで，高校にも行きたくありませんでした。それでも周りがすすめたので，高校には通い，卒業しました。卒業後，会社に就職しましたが，仕事の内容が自分に合わないと感じ，2年ほどで辞めてしまいました。その後は就職はせず，いろいろなアルバイトを掛け持ちしています。夜の仕事の方が，時給が良いので，夜中に仕事をすることが多い生活です。普段は友達と遊ぶ時間もないので，お金が貯まると長い休みをもらって，友達と旅行に出かけます。そうした毎日は楽しいのですが，なかなか貯金ができません。周りからは将来どうするの？　と心配されることもありますが，今は楽しいので，これでいいかなと思っています。

（　　）ミホさん（31歳）の人生
　ミホさんは看護師の仕事をしています。ミホさんは小さい頃に交通事故に遭い，半年ほど病院に入院しました。その時，やさしく看病をしてくれた看護師さんにあこがれて，ずっと看護師になることを夢見てきました。高校を卒業した後，看護師養成の専門学校に3年間通いましたが，その間の学費はアルバイトと奨学金を使いました。奨学金を返すためには，5年間病院に勤めることが条件でした。ミホさんは奨学金を返し終えてもそのままその病院に勤め続けています。今年で就職して10年目を迎え，そろそろベテランの仲間入りといったところです。3年ほど前から付き合い始

た恋人がいて，結婚の話が出ているので，これから仕事をどうしようかな，と悩んでいるところです。結婚して，子育てをしながら仕事を続けている先輩もいますが，なかなか大変そうです。でも，ずっと大好きだった看護師の仕事も辞めたくはありません。

（　　）ヨウコさん（28歳）の人生

　ヨウコさんは子育てに忙しい専業主婦です。高校を卒業した後，会社に就職しました。早く結婚したいと思っていたので，20歳の時に会社の同僚だった今の夫と結婚しました。22歳の時に子どもが生まれ，今は3人の子どもの母親です。一番下の子どもは最近生まれたばかりで，おむつの交換や授乳のためになかなか目が離せません。育児に追われていると，社会とのつながりがなくなってしまったようで，さみしい気持ちがします。でも，子どもの成長は夫婦の楽しみでもあります。今は，もう少し子どもが大きくなったら家族で旅行に行くのが夢です。

（　　）ハルナさん（27歳）の人生

　ハルナさんは結婚して，共働きをする夫婦です。子どもはいません。今のところ，子どもを持つ予定もありません。夫とはあまりお互いの生活に口を出さないようにして生活しています。ハルナさんはあるパン屋の店長として毎日忙しく働いています。仕事は楽しく，やりがいも感じています。夫はサラリーマンで忙しく働いていて，帰りは深夜になることもよくあります。ハルナさんのパン屋の仕事は朝が早いので，何日も顔を合わせないこともあります。最近はこんなに顔を合わせないで夫婦としてやっていけるのかなと疑問に思うこともありますが，夫は「今はお互いにやりたいことを一生懸命にやることが大切」と言ってくれます。

（　　）ユイさん（30歳）の人生

　ユイさんは3年前から沖縄に住んでいます。高校を卒業して，会社に勤めていましたが，22歳の頃に友達と旅行で来た沖縄の海にすっかり魅了されてしまいました。その後，スキューバダイビングの資格を取り，毎年のように沖縄に遊びに来ていました。25歳の頃にはいつか沖縄に住んでみたいと思うようになり，ついに27歳の時に仕事を辞め，沖縄に引っ越すことを決めました。今は，近くのスーパーでアルバイトをしながら，スキューバダイビングのインストラクターの資格を取る勉強をしています。仕事と勉強の合間には大好きな沖縄の海に行って，泳いだり，魚釣りをしたりしています。地元にも知り合いができて，友達が船に乗せて沖まで連れて行ってくれたりもします。高校の頃の友達に会えないのはさびしいと感じることもありますが，今はこのままずっと沖縄で暮らしていきたいと考えています。

※このワークシートは，女子児童を対象にした際に用いたものです。参加する子どもの性別等を考慮して，紹介する内容を検討してください。

WORK 4　　　大切にしたい価値観は何？

1　活動のねらい
　人にはそれぞれ大切にしたい価値観というものがあります。例えば，健康であることを大切にしたいと考える人がいるかもしれませんし，お金を持つことが大切だと考える人もいるかもしれません。このワークでは，自分が大切にしたいと考える価値観は何かを整理することを目的とします。

2　準備物
　大切にしたい価値観ワークシート，大切にしたい価値観カード

3　活動の流れ
(1) 準備
　ワークを行う前に，私たちが生きていくうえで大切だと考えるかもしれない価値観にはどのようなものがあるかについて，WGで整理してみましょう。
　例えば，私たちがこれまでに行った中では以下のようなものが挙げられました。こうして挙げられた価値観は，1つずつカードにします。1枚のカードに1つの価値観を記入し，価値観カードのセットを参加者の人数分作成します。

○　大切にしたい価値観カード（例）

| お金 | 学歴 | 結婚 | 子育て | 資格 | 趣味 | 遊び | 友達・仲間 | 地位・名声 | 仕事 |
| 自由 | 家族 | 時間 | 健康 | 楽しさ | 思いやり | 食事 | 自分らしさ | 我慢 |

(2) 導入
　次のように今回のテーマとワーク内容を，参加しているおとなの意見を聞きながら説明していきます。
　「今日は皆さんが大切にしたい価値観について考えてみたいと思います。○○さん（おとなの参加者）が大切にしている価値観ってどんなものがありますか？」
　例えば，○○さんは「健康でいることです」と答えたとしましょう。それに対して「もう少し詳しく，健康でいることを大切にしている理由を教えてください」と詳細を聞いてみます。すると○○さんは「健康でいればいろんなことにチャレンジできるから。健康でいることは仕事をしたり，遊んだりするために一番大切だと思う」というように答えてくれるかもしれません。

このようにモデルを示しながら，子どもたちにもどのような価値観を大切にしたいかを考えてもらいたいということを伝えます。

（3）展開1
それぞれの手元に「大切にしたい価値観カード」セットを配布し，「今，配ったカードにはいろいろな価値観が書かれています。それらを見ながらこれから生きていく中で大切にしたいと思うものと，そう思わないものに分けてみてください。最終的には特に大切だと思うものを4つくらい選んでもらいたいと思います」と説明します。

（4）展開2
個々でカードを選択する作業に取り組み，4枚くらいに絞られた頃に，ワークシートを配布します。ワークシートの左の空欄の中には大切にしたい価値観を記入し，その右側には大切にしたい理由やより詳しい価値観の説明等を記入します。全員がワークシートに記入し終えたら，それぞれがどのようなことを書いたのかをシェアリングします。

4　キーポイント
大切にしたい価値観カードを作成する際，市販されている名刺カードを利用すると便利です。また，あらかじめ準備した価値観以外のものが出てきた場合のために白紙のカードを準備しておき，その都度，書き足して新しいカードを作成しても良いでしょう。

「大事にしたい価値観」ワークシート

私が大事にしたい価値観は…　　　　　　　　（もう少し詳しく書いてみよう）

私が大事にしたい価値観は…　　　　　　　　（もう少し詳しく書いてみよう）

私が大事にしたい価値観は…　　　　　　　　（もう少し詳しく書いてみよう）

私が大事にしたい価値観は…　　　　　　　　（もう少し詳しく書いてみよう）

WORK 5　　自分にはどんな強みがあるのかな？

1　活動のねらい
　このワークでは，レジリエンスを「強み」として表現します。小花和（2002）は，レジリエンスは「子どもの周囲から提供される要因（I HAVE）」，「子どもの個人内要因（I AM）」，「子どもによって獲得される要因（I CAN）」の3つに分けられることを示しています。こうした考えに基づいて，このワークでは自分にはどのような強みがあるのかや，これから生きていく中でどのような強みを獲得したいかについて意識することに取り組みます。

2　準備物
　強みシール，整理シート

3　活動の流れ
（1）準備
　ワークを行う前に，WGで強みについて整理してみましょう。
　私たちは様々な文献や話し合いをもとに，私たちの強みを整理し，強みシールを作成しました。以下に列挙した強みシールの他にも加えたいものがあれば加えてみてください。

○ 強みシール（例）

I HAVE	I AM	I CAN
・親友がいる	・女性でよかった	・勉強ができる
・信頼できるおとながいる	・私には若さがある	・運動が得意だ
・憧れの人がいる	・私はかわいい	・友達付き合いが上手
・大事にしている信念がある	・私はがまん強い	・おとなと上手く付き合える
・自分を支えてくれる人がいる	・目標を持っている	・人に上手に文句を言える
・恋人がいる	・自分の性格が好きだ	・言いたいことが言える
・話を聞いてくれる人がいる	・自分を信頼している	・ユーモアがある
・ひとりになれる場所がある	・自分に自信をもっている	・買い物が上手
・気が安らぐ場所がある	・打ち込めることがある	・料理ができる
・なぐさめてくれる人がいる	・好きなことがある	・本を読むのが好き
・私には大事な役割がある	・人の気持ちがわかる	・計算が得意
・趣味を一緒に楽しむ人がいる	・根気強い	・歴史が好き
・グチを聞いてくれる人がいる	・ルールを守る	・パソコンが使える
・自分を守ってくれる人がいる	・自然を大切にする	・絵を描くことが好き
		・歌うことが好き
		・片付けが得意
		・人を褒めるのが上手

○ 整理シート

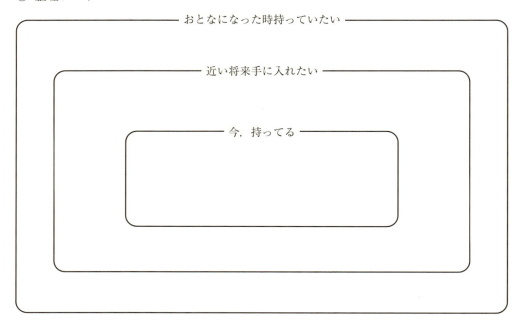

（2）導入

　子どもたちに「あなたの強みってなんですか？」と尋ねてみましょう。
　「自己紹介をしたりする時，自分の弱み（短所）はすぐに出てくるけれど，自分の強みはなかなか出てこないという人もいるかもしれませんね。今日は，皆さんにどんな強みがあるかを考えてみましょう」と導入します。

（3）展開

　強みシールと整理シートを配布し，シールを見ながら書かれている強みをいくつか読み上げてみます。「その強みを今，あなたが持っていると思うならば整理シートの『今，持っている』の枠の中に貼りましょう。もし，今は持っていないけれど，高校生になるくらいまでの間には持っていたいなと思うなら『近い将来手に入れたい』の枠の中に貼りましょう。あるいはおとなになった時には持っていたいなと思う時には『おとなになった時持っていたい』の枠の中に貼りましょう」と説明した後，各自で作業をします。
　また，すべてのシールを貼る必要はないことも加えて説明しておくと，無理にどこかの枠にシールを貼ろうとする行動を防ぎ，子どものありのままの考えを整理シートに表現することができます。作業が進まない子どもがいたら「あなたにはこんな強みがあると思うよ」というような介入をしてみましょう。

（4）結び

　全員が作業を終えたら，お互いに自分の整理シートを見せ合い，やってみた感想等をシェアリングしましょう。

4　キーポイント

　シールを整理する際，最初から整理シートに貼ってしまうのではなく，一度，並べたものを眺めてみた後で修正がないかを確認した後に貼るようにします。整理シートの中に，"どこの枠にも貼らないシール"を貼るための欄として，『必要ない』という欄を設けても良いかもしれません。

　強みシールを作成する際，市販の印刷用のシール台紙を使用し，作業しやすい大きさにして印刷してください。必要に応じて色分けすると3種類の強みがどのように分布しているかがわかりやすくなります。

〔参考文献・資料〕
小花和 Wright 尚子（2002）幼児期の心理的ストレスとレジリエンス．日本生理人類学会誌 7(1)，25-32．

WORK 6　　　　人生を設計してみよう

1　活動のねらい
　このワークは終盤に実施します。
　それまでの取り組みで経験してきたことを活かして，これからの人生を自由に設計してみることを目的とします。大切なのは，実現可能な人生を設計することではなく，こんな人生だったら楽しいだろうな，面白いだろうなと思う人生を考えて設計してみようということです。

2　準備物
　ライフ・イベント・カード，ホワイト・ボード，ホワイト・ボード・マーカー

3　活動の流れ
（1）準備
　事前にライフ・イベント・カード（LIカード）を作成します。LIカードは，子どもたちがこれから経験するかもしれないライフ・イベントが示されたカードで，1枚に1つのライフ・イベントが書かれ，ホワイト・ボードに貼り付けられるように背面にマグネットシートを取り付けておきます。ライフ・イベントの例としては以下のようなものが考えられます。

○　ライフ・イベント・カード（LIカード）（例）

| 就職 | 転職 | 退職 | 大学・専門学校への進学 | 結婚 | 自家用車購入 | 運転免許取得 |
| アルバイト | 恋人と付き合う | 家を建てる（買う） | ペットを飼う |

（2）導入
　次のように，今回のテーマとワーク内容を説明します。
　「これまでいろいろな職業や将来の生活のことについて考えてきました。今日はこれまでの内容を振り返りながら，中学校（高校）卒業後の人生を設計してみましょう。実現できなくても構わないので，こんな人生だったら楽しいだろうな，面白いだろうなと思う人生を考えて設計してみましょう。」
　さらにLIカードを配布して，カードの使い方を説明します。
　「配布したカードにはこれから皆さんが経験するかもしれない出来事が書かれています。そのカードを使って人生を設計してもらいたいのですが，必ずカードを使わなければいけないわけではありませんし，カードに含まれていないことでも自由に自分で書き足して人生を

第8章 キャリア・カウンセリングのワーク集

設計してみてください。」

あらかじめホワイト・ボードに20歳から10歳区切りで年齢を書いておくと作業しやすいかもしれません。

（3）展開1

作業は個々で行いますが，静かに取り組む必要はなく，「ああでもない」，「こうでもない」と声に出して試行錯誤しながら作成してもらった方が，楽しく自分の人生設計ができます。作成につまづいている子どもがいる際には，まず『何をしたいか』から考えてもらい，次に『どのくらいの年齢でやりたいか』を考えるように促してみてください。

また，これまでのCCPの取り組みの様子から，その子どもが興味・関心があることを提示して，想像する材料を促すことも効果的です。また，他の子どもが作成している様子をのぞき込んだりする子どももいるかもしれません。他の人の人生設計を見ることで，自分の人生にもこういうことがあるといいな，というアイデアが生まれることもあるかもしれませんので，他の子どもの作業の邪魔にならないようであれば適度にお互いの人生をのぞいてみるのも良いかもしれません。

（4）展開2

例えば『家を建てる』というLIカードを使う時には，ただカードを貼るだけではなく，「どんなところに，どんな家を建てたいかを考えてみましょう」と，より具体的にイメージすることを促します。

（5）結び

全員が人生を設計し終えたら，自分の人生について紹介をしてもらいます。この時，他の人がどのような人生を送りたいかはその人の自由なので，「そんなのできるわけない」とか「それ，おかしくない？」と非難することのないように伝えておくと良いでしょう。

紹介する順番としては，最初に一緒に参加したおとなが紹介すると，子どもたちも紹介しやすくなるかもしれません。

最後に，「今，設計した通りの人生を送る必要はありません。その時々で大事にしたいことや楽しいと思えることは変わっていったりするものです。時々，今日やったように，将来のことを考えてみて，どんなことがあれば楽しいかな，自分はどんなことをやってみたいかなということも考えてみてください」と将来設計を定期的に行うことを提案して終了します。

4　キーポイント

必ずしもLIカードを準備する必要はないかもしれませんが，これまでの取り組みでは何も手掛かりがないとなかなか人生を設計することに取り組めないということもありました。LI

127

カードはライフ・イベントを網羅するようなものである必要はありませんので，子どもたちが将来のことを想像するきっかけとなるようなものだけを準備しておくと良いでしょう（市販の名刺カードに印刷すると便利です）。また，LIカードを磁石でホワイト・ボードに貼り付けられるようにしたのは，簡単に配置し直すことができることと，ホワイト・ボード・マーカーを用いて自由に書き足すことができるためです。最初はカードを使って人生設計をしている子どもたちも，徐々にカードの内容に縛られずに自由に自分なりのライフ・イベントをつくり，人生を設計し始めるようになっていきます。
　子どもたちがつくる人生設計を見ていると，実現することが難しいことや日頃の言動と一致しないことなど，おとなとして口を出したくなるようなこともあるかもしれません。しかし，このワークでは将来のことを思い描くことが得意ではなかった子どもたちが，彼らなりの将来を描いてみようとする気持ちを持ってくれるようになることを重視しています。批判したり，注文を付けたりするのではなく，まずは子どもたちが人生を設計する様子を見守ってください。
　さらに，このワークは特に支援者であるおとなにも取り組んでもらいたいワークです。おとなも一緒に取り組むことで子どもたちのモデルになることも期待しますが，実はおとなの方がこれからの人生を設計することに難しさを感じるかもしれません。そのような時はおとなも中学生や高校生に戻って，もう一度，別の人生を歩むとしたらどのような人生を歩んでみたいかという視点から人生設計をしてみると良いかもしれません。

WORK 7　　　　　　　住みたい家を探そう

1　活動のねらい
　一人暮らしのために家を探す時，新生活を想像しながらどんな物件を借りるかを考えます。このワークでは家を探すという作業を通して，自立した後の生活をイメージすることに取り組みます。また，どのような基準で家を選ぶのかや，家を選ぶ時にどんなことを大切にしたいのかを意識することにも取り組みます。

2　準備物
　賃貸情報誌（子どもにとって土地勘がある場所の賃貸情報誌を用いる），賃貸情報誌の見方を解説するスライド

3　活動の流れ
（1）導入
　次のように，今回のテーマとワーク内容を説明します。
　「一人暮らしをするとしたら，どんな所に住みたいですか？　今日は皆さんが一人暮らしをすることになった時のことを想像しながら，住んでみたい家を探してみましょう。」

（2）展開1
　賃貸情報誌の見方を解説するスライドを使って，物件を選ぶ際，どんな点が判断の材料になるかを示します。例えば，住みたい町や地域，家賃，間取り，築年数や構造等の主な点に加えて，部屋の向きや階数，ペットや楽器，駐車場等の詳細な条件について紹介します。

（3）展開2
　展開1で紹介した家を探す時の条件の中から自分が大事にしたいものをピックアップし，順位を付けます。こうした話の中には参加者が一人暮らしをしたときの彼らの暮らしをどのように描いているのかが表現されますので，収入に応じた現実的な物件を選んでもらうことはいったん置いておいて，彼らが語る一人暮らしの生活に耳を傾けてみてください。

（4）結び
　参加者同士で，それぞれがどのような物件を選んだかを紹介してもらいます。その時，どのようなことを大切にしてその物件を選んだかや，一人暮らしをしたらどのような生活をしてみたいかについても話してもらい，具体的な将来の生活をイメージしてもらえると良いでしょう。

4　キーポイント

　家を借りる際の経費について説明をする際，給与や支出を考え，バランスが取れた物件を借りるように説明を加えても良いでしょう。しかし，あまりに多くのことを教え込もうとすることはあまり効果的ではないようです。細かなお金の動きについては別の機会に回して，家を探すということに焦点化した方が良いかもしれません。

　私たちはこのワークを2ヶ月人生体験ゲームの前に行います。そして，ゲームの中ではこのワークの中で選んだ家に住んでもらうことにして，毎月家賃を徴収します。その中で子どもたちは家賃をどれくらいに抑えておく必要があるのかを理解することができるようになります。

　このワークは家の探し方や一人暮らしにかかるお金等，おとなが子どもに教える要素が多く含まれています。そうした知識やスキルを教えることも大切ですが，教えることに力点を置き過ぎると「〜しなければならない」ということに縛られ過ぎて，主体的に自立後の生活を思い描くことが制限されてしまうかもしれません。まずは一人暮らしをすることや家を探すことが想像できるような時間をつくることを心がけてみましょう。

WORK 8　　　　　2ヶ月人生体験ゲーム

1　活動のねらい
　2ヶ月人生体験ゲーム（人生体験ゲーム）は，特に子どもたちが楽しみにしているワークの1つです。1年間の活動を振り返る時，何が印象に残っているかを尋ねると，多くの子どもたちが「人生体験ゲームが楽しかった」，「印象に残っている」と答えてくれます。
　このワークの大きなねらいは，子どもたちが社会で自立した生活を送り始めた時に直面することになる様々なライフイベントや，その中での金銭管理等について楽しく知ってもらうということにあります。2ヶ月人生体験ゲームではお金持ちになったり，早くゴールしたりすることが目的ではありません。この取り組みの良いところは，日常場面で支援者が子どもたちに伝えようとするとお説教のようになってしまうことが，ゲームを通して体験することで子どもたちが主体的に，かつ楽しく知る機会になりやすかったり，支援者との間で話し合いやすくなったりするところにあります。

2　準備物
　2ヶ月人生体験ゲーム，サイコロ，玩具の紙幣や硬貨，ゲームを進めるうえで必要な道具（ゲームの中にどのようなイベントを設けるかによって準備するものが異なりますので，必要に応じて準備してください。）
　ここでは，ある施設である年に作成した人生体験ゲームを紹介したいと思います。

3　活動の流れ
（1）準備
　このゲームがただ楽しいだけのゲームに終わらないように，事前に，施設や支援機関の職員に「子どもたちに知ってもらいたいことや体験してもらいたいこと」，「自分が関わった子どもが社会に出て苦労したと言っていたこと」などを挙げてもらい，2ヶ月人生体験ゲームの中にどのようなライフイベントを取り入れるかについてWGで検討します。
　実際にゲームを実施する前におとなだけでゲームを行います。その際に，極端に支出が多くなり過ぎていないかゲーム全体の収支のバランスを計算するなど，全体の流れを理解したり，収支のバランスを確認します。
　また，2ヶ月人生体験ゲームを実施する前に子どもたちと一緒に「家を探そう」のワークに取り組み，それぞれが住んでみたい物件を1つ選び，ゲームの中で参加者はその物件に住み，家賃を支払うように設定すると月々の支出等も理解しやすくなります。

（2）導入

参加者にはサイコロを1つずつと各自が選んだ家の家賃が書かれたカードを配布して，今回のテーマとワークの内容を説明します。

「今日は，皆さんが社会に自立してから経験することになるかもしれない，いろいろな出来事について，実際に2ヶ月人生体験ゲームの中で体験してもらいたいと思います。」

4 キーポイント
（1）給与について

ゲームを始めるにあたって参加者には給与が支給されます。この時，子どもたちに「高校を卒業してすぐに就職して始めてもらえる給料ってどれくらいかわかりますか？」と問いかけてみてください。働くおとなの姿に触れた機会が少ない子どもたちは適当な金額を言えないことも少なくありません。厚生労働省が実施する平成29年賃金構造基本統計調査によると高校卒業後すぐに就職した際の初任給は概ね16.2万円程度です（地域によって異なりますので，適当な金額にしてください）。

その後，玩具のお金を給与袋に入れて支給しますが，実際には初任給の金額（16.2万円）がそのまま入っているわけではなく，年金や税金，保険料等が差し引かれた金額が入っています。年長児の場合にはどのようなものが差し引かれるかについて詳しく説明をしても良いかもしれませんが，年少児の場合にはまずは給与と手取りの金額が異なるということを知ってもらうだけでも良いかもしれません。このように給与について一通り説明した後に，「では，2ヶ月人生体験ゲームではこれからいろいろなライフイベントがありますので，皆さんのお給料を使いながら生活してみましょう」とカレンダーを進めていきましょう。

（2）様々なライフイベントについて

社会に出ると様々なライフイベントがあります。例えば，友達と一緒に食事に行ったり，恋人とデートをしたりすることがあるかもしれません。また，会社の飲み会や冠婚葬祭もあるかもしれません。あるいは，悪質なキャッチセールスや勧誘に出会うこともあるでしょう。このような場合の対処法を考えることもこのゲームの目的です。例えば「職場の同僚の家族が亡くなったので，葬儀に参列する」というライフイベントの時には「どんな服装で参加する？」，「手ぶらで行く？」というようなことを参加者全員で話し合い，時にはおとなが説明を加えたりしてゲームを進行していきます。また，「恋人から暴力を振るわれた」というライフイベントをどこかに入れておくと，退所後にデートDVを経験した時の対処方法や相談窓口について，おとなが伝えたい知識やスキルを楽しく伝えることができます。もちろん，参加者は相談窓口がどこにあり，電話番号が何番かということまでは覚えられないと思いますが，そういった相談窓口があるということくらいの印象は残るようです。さらに，「友人からの誘いを断る」といったライフイベントの際には，実際に上手く断るロールプレイをし

てもらうこともできます。このように，ソーシャル・スキル・トレーニングの要素を含めながら進めていくと良いでしょう。

これまでに実際，2ヶ月人生体験ゲームに取り入れたライフイベントには次のようなものがあります。この他にも様々なライフイベントを取り入れることが想定されます。子どもたちと話し合ったり，職員からのアイデアを聴いたりして充実したものにしてください。

○ ライフイベント（例）

・通夜，葬式への参列	・結婚式，2次会への参加
・入院のお見舞い	・合コンや恋人との付き合い
・恋人の家族との付き合い	・休日など余暇の過ごし方，趣味
・携帯電話の購入や維持	・生命保険等への加入
・宝くじ	・体調を崩したり，入院したりすること
・キャッチセールス，宗教の勧誘等	・財布を落とした時の対処
・住まいに関するトラブル	・ボーナスの支給
・クレジットカードの使い方	・会社の休み方
・DVに会った時の対処，相談窓口	・運転免許の取得

（3）貯金が底をつくことについて

事前に収支のバランスを整えていたとしても，ゲームを進めていると貯金が底をついてしまう場合もあります。このような場合には，どう対処するかということを話し合う機会にしましょう。出費を減らす方法や，借金をすることのリスク，相談することができる社会的資源等について話し合うことができると思います。

（4）2ヶ月人生体験ゲームの実際

以下に示したのは人生体験ゲームの一部です。プレゼンテーションソフトを使って作成したスライドをプロジェクターで投影しながら進める方法を用いましたが，すごろくのように模造紙に印刷するなどして作成しても良いでしょう。プレゼンテーションソフトを使用する場合には，それぞれのスライドの指示に従ってサイコロを振ったり，書かれた作業に取り組んだりします。

例えば，「4日（木）」には，先輩から賭け事に誘われた場合の断り方に取り組みます。おとなが先輩役をして，子どもたちに上手く断る方法を考えてもらうロールプレイとなります。また，「7日（日）」には資格講座を受けることが選択できるようになっていますが，資格講座を受けた参加者にはその後の給与に資格手当が付くようになりました。このように1日ご

○ 具体的な人生ゲーム内容（例）

2日（火）	3日（水）	4日（木）
友だちとご飯 サイコロの目×500円	Mission ・仕事が終わってからの家での過ごし方を5つ書けたら合格　＋1,000円 ・書かなければ　－1,000円	2，3，4：ちょっと怖い○○先輩に次のスポーツの試合の結果予想の賭けをしようと誘われた…。しかも、一口3,000円。ここは勇気を出して断ろう！断れなければ3,000円×？ ＊複数人いる場合にはじゃんけんで負けた人 それ以外：録画しておいたドラマを見る

5日（金）	6日（土）	7日（日）
5：職場に話せる同世代の友達がいないので、友達と長電話　－2,000円 それ以外：早く寝る	休みの日にやってみたいことを考えよう 素敵なプランを提案してくれた人には＋3,000円	希望者：資格講座を受ける　－5,000円 ＊後で良いことがあるかも 食費清算日　－7,000円

とに様々なライフイベントを設定し、そのマスごとに話し合ったり、ロールプレイをしたりすることでゲームが進んでいきます。

　ゲームを充実したものにするためには細かな準備が必要です。まず必要になるのは、お金です。もちろん、玩具のお金を使用します。また、資格や免許を取得した場合には「資格証」や「免許証」を交付します。恋人ができた場合には「恋人カード」を渡します。給与を支給する際には給与袋に入れて手渡ししますが、その際に給与明細も渡します。給与明細には給与の他、住居手当や健康保険、年金保険料、所得税等が明記されています。

　このように工夫やこだわりを追及すると際限なく広がっていきますが、あくまでもゲームですので、可能な範囲で作成し、実施を繰り返しながら内容を充実させてみてください。

（5）楽しめる仮想現実ゲームをつくる

　2ヶ月人生体験ゲームはゲームとしての楽しさがあることが前提となります。支援者としてはいろいろなことを子どもたちに教えたいという気持ちがあるかもしれませんが、イベント作成の際には適度に遊びやゲームの要素も取り入れながら全体を構成してください。

　例えば私たちは「宝くじ」のライフイベントでは現実とは異なり、6分の1の確率で1等が当たるようにしました。当選金額は10万円程度ですが、とても盛り上がり楽しむことができます。また、あまり良くないことかもしれませんが、「仮病で会社を休む」というライフイベントを設けました。これは気持ちが乗らずに無断で仕事を休んでしまい、その後に出勤しづらくなり仕事を辞めてしまったという施設を巣立っていった子どもの話から、連絡せずに

そうなってしまうくらいなら，上手に仮病を使えるようになることも社会的なスキルではないか，と考えたために設けたライフイベントです。そして，このマスでは実際に，施設の中の指導的な役割の職員に上司の役をしてもらい，子どもが電話で「腹痛のために今日は会社を休みます」と伝えるロールプレイを設定することで，ゲームの中ですが，楽しんで社会的スキルを身に付けさせることにしました。このように，現実的なイベントを取り入れながらも，参加者が楽しめるイベントも設ける視点を持ってもらえると，楽しみながら体験することができるようになります。

このゲームには勝敗はなく，参加者全員が1つずつのマスに止まり，そのマスに書かれているライフイベントを体験します。その際，サイコロを振り，出た数に応じて選択する行動や支払う金額が変わってきます。2ヶ月目の最終日を迎えるとゲームは終了になります。その時，手元に多くのお金が残っている参加者は喜び，残っていない参加者は悔しがったりしますが，ほとんどの参加者はそのことによる勝ち負けよりもゲームの内容そのものを楽しんでいるようです。ファシリテーションをする際にも，ゲームとしてのワクワク感を損なわない程度に勝ち負けに意識が行き過ぎないようにすることが大切です。

（6）オリジナルのゲームをつくる

このような様々なライフイベントを組み込んだ2ヶ月人生体験ゲームは，約2時間かかります。"2ヶ月"人生体験ゲームとしたのはこうした時間的制約のためですので，状況に応じて，期間も自由に設定することが可能です。

研修等でCCPを紹介すると，この2ヶ月人生体験ゲームを自分の施設や支援機関でもやりたいという申出を頂くことがあります。しかし，私たちが作成した2ヶ月人生体験ゲームをそのまま譲り，実施するだけではただの楽しいゲームで終わってしまうことを危惧しています。大切なのは施設や支援機関の中で2ヶ月人生体験ゲームにどのような内容を盛り込むかということについて話し合うことです。ぜひ，それぞれの施設や支援機関の状況やそこで関わる子どもたちの状況に応じてオリジナルなものを作成してください。そして，子どもたちの興味や関心に合わせて，ゲームの中に含まれているライフイベントをCCPや日常の生活の中で取り上げて，子どもと話し合ったり，一緒に具体的な対処のスキルについて考えたりしてみてください。

〔参考文献・資料〕

林恵子編著（2011）施設から社会へ羽ばたくあなたへ－ひとり暮らしハンドブック－巣立ちのための60のヒント．明石書店．

WORK 9　好きなことや得意なことからつながる職業を探そう

1　活動のねらい
　自分の好きなことや興味があること，得意なことを整理し，そうしたことからつながる職業にはどのようなものがあるのかを理解することに取り組みます。

2　準備物
　職業レディネス・テスト（中学・高校生用）検査用具一式，職業レディネス・テスト・フィードバック用紙

3　活動の流れ
（1）導入
　次のように，今回のテーマとワーク内容について説明をします。
　「高校や大学等を卒業した後，皆さんはいつか就職をすることになると思います。その時，『あなたはこの仕事をしなさい』と言われて仕事をするよりも，少しでも自分が好きなことや得意なことに関係するような仕事をしたいと思いませんか？　今日は，皆さんの好きなことや得意なことからつながる職業にはどのようなものがあるのかを考えてみたいと思います。」

（2）展開1
　職業レディネス・テストについてはテストの手引きに従って実施します。職業レディネス・テストの結果を「結果の見方・活かし方」に整理することによって，興味があることや自信があることなどがどのような職業，あるいはどのような領域と関連するかを視覚的に理解することができます。
　ただし，結果の整理には時間が必要なため，回答と結果のフィードバックを同日に実施することはできません。そのため，結果を「結果の見方・活かし方」に整理するとともに，子どもたちにも理解しやすいようなフィードバック用の資料（職業レディネス・テスト・フィードバック用紙）を作成して，次回のCCPの際（展開2）にフィードバックします。

（3）展開2
　「結果の見方・活かし方」と職業レディネス・テスト・フィードバック用紙を用いて結果を伝えた後で，そこに示された職業の中でやってみたいと思う職業や知りたいと思う職業について本やインターネットを使って調べてみます。中学生くらいの年齢の子どもたちにも読みやすい，職業を説明する書籍は様々なものが出版されています。参加している子どもたち

に合った内容のものを選び準備しておくと良いでしょう。

（4）結び
　自分の職業レディネス・テストの結果や調べた職業についてシェアリングします。

4　キーポイント
　このワークをする前に，おとなも一度，職業レディネス・テストを体験しておくと，内容を理解したり，子どもたちが取り組むのを支援しやすくなります。

〔参考文献・資料〕
職業レディネス・テスト．独立行政法人労働政策研究・研修機構．

（職業レディネス・テスト・フィードバック用紙）
あなたの好きなことや得意なことからつながる職業は…

名前： Aさん

◆ 興味がありそうな領域
1．現実的領域：何かをつくったり，整備したりするような活動に関する領域
　　　　　　　（物づくり，技術者）
2．社会的領域：人に接したり，人の生活の支援をしたりする領域（教師，保育士，店員）
3．慣習的領域：決まったやり方に従って，丁寧に活動する領域（事務員，会計士）

◆ 自信がある領域
1．研究的領域：何かを調べたり，研究したりするような活動に関する領域
　　　　　　　（研究者，学者，調査員）
2．慣習的領域：決まったやり方に従って，丁寧に活動する領域（事務員，会計士）
3．現実的領域：何かをつくったり，整備したりするような活動に関する領域
　　　　　　　（物づくり，技術者）
4．社会的領域：人に接したり，人の生活の支援をしたりする領域（教師，保育士，店員）

◆ 自分が好んでいる領域
1．対情報志向：知識，情報，概念，データ等を取り扱うのが好き
2．対物志向：機械や道具，装置等，物を取り扱う仕事や外での活動が好き

◆ 六角形の中の赤線内から関心を持った職業を選んで書き出してみましょう

◆ 右側の四角の中の赤線内から関心を持った職業を選んで書き出してみましょう

◆ あなたの職業への興味や適性に関するコメント

いろいろなことに興味や自信があるようです。素晴らしいことですね。あなたが興味を持っている領域と自信を持っている領域は重なっている部分もありますが，研究的領域については，興味はあまりないけれど自信はあるようですね。何かをつくったりすること（現実的領域），人のお手伝いをしたりすること（社会的領域），決まった作業を丁寧に進めていくこと（慣習的領域）については興味もあるし自信もあることのようです。
また，自分を表現することは得意ではないけれど，人の役に立ちたいという気持ちは強いようですね。自然に親しんだり，情報を集めたり活用したりすることが好きなようですから，そうしたこととつながる仕事を考えてみるのも良いかもしれませんね。

WORK10　　　興味のある職業を知ろう

1　活動のねらい
　このワークでは様々な職業を知り，その中で自分が興味を持った職業に就くためには何が必要なのかを調べたり，実際にその職業に就いているおとなから話を聞いたりして職業や働くことに対する具体的なイメージをつくることに取り組みます。

2　準備物
　『新13歳のハローワーク』，好きなこと・興味があることワークシート

3　活動の流れ
（1）導入
　次のように，今回のテーマとワーク内容を説明します。
　「今日は最初に，皆さんがどんなことに興味や関心があるのかについて考えてみましょう。その後で，そうした興味や関心がどんな職業に繋がっていくのか調べてみましょう。」

（2）展開1
　「まずはこのワークシートを見て，好きなことや興味があることがあれば，マル（○）を付けてみましょう」とワークシートの使い方を説明します。
　ワークシートには『新13歳のハローワーク』の目次に示された興味や関心を示す言葉が書かれています。最初に参加者はその項目を読みながら，自分の興味や関心に当てはまると思った場合には項目の左の欄にマル（○）を付けていきます。

（3）展開2
　マルが付いた項目の右端に書かれた数字は『新13歳のハローワーク』のページを示しています。マルが付いた好きなことや興味があることから繋がる職業がそのページに書かれていますので，そこに書かれた職業の中から「これは良いな」と思ったものを抜き出し，ワークシートに整理するように促します。

（4）展開3
　その職業のどのようなところが面白いと思ったのかや，どうやったらその職業に就くことができそうかなど，場合によってはインターネットも利用してその職業に就いての情報を集めてみましょう。また，その内容について全体でシェアリングします。

（5）展開4

展開1～3までで終了しても構いませんが，可能であれば，子どもたちのワークシートに書かれた職業を整理し，そこに挙げられた職業の方をゲストスピーカーとして招待し，お話をして頂く時間をつくると，その職業や働くことについてより理解が深まります。

（ⅰ）導入

「先日のCCPで好きなことや興味があることから繋がる職業について考え，皆さんには気になった職業を選んでもらいました。今日はその中から実際にその職業に就いている方にゲストスピーカーとして来て頂き，お話をしてもらおうと思います」と前回の取り組みを振り返りながら導入します。

（ⅱ）展開

招待したゲストスピーカーの人数にもよりますが，一人当たり15～20分程度で職業についての紹介をして頂き，その後，質問の時間を取ります。

（ⅲ）結び

ゲストスピーカーが退室した後，話を聞きながら考えたことや疑問に思ったことをシェアリングします。また，可能ならば子どもたちの感想を一言ずつ集めて，ゲストスピーカーの方へのお礼状を作成します。

4　キーポイント

マルを付ける作業の時，「好きなことや興味があることなんて1つもない」と言う子どももいるかもしれません。しかし，丁寧に話を聞いていくと，手がかりになるようなことが出てくることもあります。それでも出てこない場合には，日頃の様子から「こういうことに興味がありそうだね」というような声かけをしてみましょう。生い立ちに困難を抱える子どもたちの中には，自分の好きなことや興味があることに目を向けたり，それを表現したりすることが上手にできない子どもたちもいます（『制約の感覚』第1章参照）。

ここで大切なのは，CCPの時間が自由で安全だということ，あなたがどんなことを表現してもそれは受け入れられる，ということを根気よく伝えていくことです。「それって良い視点だと思うよ」，「そういう気持ちってあるよね」という肯定的な言葉かけを重ねていくことで，次第に子どもの緊張がほぐれ，子どもが表現することを，寄り添って待つ姿勢が必要です。また，逆にマルを付ける作業の際，多くの項目にマルを付ける子どももいるかもしれません。好きなことや興味があることが多くあることは素敵なことですが，ワークを進めるためにその中から特に好きなことや興味があることを3～5つくらい選び，次の作業（展開2）に進みます。

なお，ゲストスピーカーをお招きする場合，子どもたちが挙げたすべての職業を網羅することは困難だと思います。まずは施設や支援機関に関わりのある業者の方や，職員の親戚や友人など身近な人的資源から探し，少しずつ資源を増やしていくことを考えてみましょう。

「あなたが"好きなこと""興味があること"」ワークシート

◆ 当てはまるものを選んで，特にあてはまるもの，4個に○をつけてみよう。

	本を読んだり，文章を読んだりすること	34
	作文や詩など文章を書くこと	38
	詩や文章を声に出して読むこと	48
	地図や地球儀（ちきゅうぎ）を眺める（ながめる）こと	56
	日本や世界の歴史を知ること	60
	世の中がどうなっているかを知ること	62
	お客さんを相手に仕事をすること	66
	お客さんを相手に物を売ること	76
	計算をすること	84
	図形を見て考えること	98
	分析したりすること	102
	花や植物を観察（かんさつ）したり育てたりすること	106
	動物や魚，虫を観察（かんさつ）すること	116
	人の体や病気に関すること	136
	海や川，山や森を眺める（ながめる）こと	162
	火を見たり，爆発（ばくはつ）の実験（じっけん）をしたりすること	172
	星を見たり，宇宙のことについて考えること	178
	歌を歌うこと	186
	音楽を聴く（きく）こと	190
	音楽を演奏（えんそう）すること	198
	絵を描（か）いたり，ねん土で遊んだりすること	208
	美術館（びじゅつかん）で絵や彫刻（ちょうこく）を見ること	226
	きれいなもの，おもしろいものを集めること	232
	道具を使っていろいろなものを作ること	238
	機械，プラモデルなどを組み立てること，分解すること	244
	パソコンを使うこと	258
	料理，お菓子，ケーキを作ること	260
	きれいな洋服や小物を見ること，自分で作ること	282
	スポーツをする，試合を見ること	300
	ダンスをする，外を走ること	310
	病気や健康について考えること	328
	外国の人と話をすること	334
	外国語の文章を読むこと	342
	とにかく外国にあこがれている	346
	意見を言うこと，議論をすること	350
	社会の役に立ちたいと思う	358
	人とおしゃべりをすること	388
	図書館で本を読むこと	398
	映画を見たり，テレビを見たりすること	400
	飛行機や電車，車に乗ること	422
	戦争が好き	438
	ナイフが好き	441
	武器や兵器が好き	442
	何もしないで寝ていることが好き	444
	エッチなことが好き	445
	賭け事（かけごと）や勝負することが好き	447

出典：『新13歳のハローワーク』（一部加工）

◆ ○を付けた項目の右側にある数字のページをめくってみよう。
　いろいろな仕事が出てくるよ。その中で気になった職業を書き出してみよう。

【記入例】

○が付いた項目	雲や空や川や海を眺める
そのページで気になった職業 （いくつでもOK）	気象予報士 漁師 南極観測隊員

○が付いた項目	
そのページで気になった職業 （いくつでもOK）	

○が付いた項目	
そのページで気になった職業 （いくつでもOK）	

○が付いた項目	
そのページで気になった職業 （いくつでもOK）	

〔参考文献・資料〕
村上龍・はまのゆか（2010）新13歳のハローワーク. 幻冬社.

第8章　キャリア・カウンセリングのワーク集

WORK11　　　自分を表す履歴書をつくろう

1　活動のねらい

　高校生になり，アルバイトや就職活動のために履歴書を書く時に「何を書いて良いかわからない」という子どもがいます。特に「志望の動機」，「自己PR」欄には，何をどんな風に書いたら良いのか，まるで見当も付かないと言います。このワークでは，CCPで取り組んだ自分の興味・関心や強み等への理解を参考にしながら，自分を表現することができる履歴書を作成することに取り組みます。CCPの後半に組み込むと良いワークです。

2　準備物

　簡単履歴書（「自己PR」欄を書きやすいように大きくしたもの），CCPで取り組んだ自分の興味・関心や強み等に関する今までのワークの資料

3　活動の流れ
（1）導入

　はじめに，次のように今回のテーマとワーク内容を説明します。

　「今日は，これまでCCPで取り組んだことを，他の人にもわかる形で表現してみましょう。具体的には，これからみんながアルバイトや就職をするときに必要な履歴書をつくってみようと思います。」

　その後の設定は自由ですが，例えば「今回は，高校生になって自分のやりたい仕事のアルバイトに応募するという設定です。年齢は18歳と仮定して考えてみましょう」と設定をつくり上げていきます。応募するアルバイト先は，子どもがすぐに思い浮かべられるようであればその職業を書いてもらいます。もし何も思い浮かばないようであれば，「コンビニ」，「ファーストフード」，「ファミリーレストラン」，「スーパーのレジ」等，高校生が一般にできるアルバイト先をあらかじめ準備しておき，そこから選択してもらいます。

（2）展開1

　履歴書の説明をした後，実際に練習していきます。

　「これは履歴書と言います。就職したり，アルバイトをしたりする時，まず皆さんのことを知ってもらうための自己紹介の紙です。数年後には必ず書くことになりますので，今日はその練習です。」

　名前や住所，学歴の欄を記入します。和暦と西暦の違い等についても説明すると良いでしょう。続けて，免許・資格の欄にも記入しますが，子どもたちにはまだ書けることがないかもしれません。しかし，資格を取るとこうしたところに記入することができ，就職の際等に

有利に働くかもしれないことがわかってもらえると思います。

（3）展開2
次に，志望動機や自己PRを書く練習をします。
「それではいよいよ，志望の動機・自己PRの欄を書いてみましょう。この欄は，雇ってくれる人に私を雇うとこんな良いことがあるよ，ということがアピールできるような内容にする必要があります。まずはこれまでのCCPの内容も思い出しながら自分の興味・関心や強み等を書き出してみましょう。その後，実際に志望の動機・自己PR欄に書いてみましょう。」

（4）結び
それぞれが書いた履歴書の自己PRの欄を紹介したり，感想をシェアリングします。

4　キーポイント
CCPで取り組んできたことを振り返りながら履歴書を作成することには3つのメリットがあります。

第一にCCPで取り組んできた自分の強みや興味関心を再確認できるということです。子どもたちにただこれまでの内容を振り返りましょう，と促してもなかなか資料を読み返したりすることはありません。しかし，履歴書を完成させるという作業にすることで子どもたちなりにそれまでの資料を見直したり，振り返ったりする作業に取り組みます。また，こうした作業を通して，自分の言葉で表現することになりますので，より自分の強みや興味関心を明確に自覚できるようになると考えられます。

第二に，実際の履歴書に触れ，記入する練習をすることで高校生になってアルバイトに応募する時の参考にできます。

第三に，免許・資格等，履歴書の他の欄に記入する内容にも関心を持つようになるということです。ワークに取り組んだ子どもたちの中には「免許・資格の欄に何も書くことがないのは寂しい」，「何か書いてある方が読む人の目に留まりやすいよね」という意見を出してくれた子どももいました。学校や施設，支援機関のおとなたちから「将来のために，資格が取れるものは取っておいた方がいい」と日常的に言われてもピンとこなかった子どもたちが，客観的に自分の履歴書を眺めることで，「資格を持っていることは自分の強みにもなるのだ」という感覚を得ることになるかもしれません。

自分の強みや興味関心をもとにして，自己PRを言葉にする作業は生い立ちに困難を抱える子どもたちにとっては難しいと感じられる作業かもしれません。ですので，このワークでは，おとなが寄り添ったり，書くことができている子どもの内容を参照してもらったりしながら，ゆっくりとしっかりと作業を進められるようにしましょう。

簡 単 履 歴 書

記入日：（高校生になってアルバイトをする頃を想像して書いてみよう）

やってみたいアルバイト：＿＿＿＿＿＿＿＿＿＿＿＿＿＿＿＿＿＿＿＿＿＿＿＿＿＿＿＿＿＿

ふりがな		
氏　　名		

平成　　年　　月　　日生（満　　歳）	※ 男・女

ふりがな 現住所　〒	電話
ふりがな 連絡先　〒　　　　　　（現住所以外に連絡を希望する場合のみ記入）	電話

年	月	学歴・職歴（各別にまとめて書く）
		卒業見込み

年	月	免許・資格

志望の動機、特技、好きな学科、アピールポイントなど

＊アルバイト先の人（雇ってくれる人）から見て，あなたを雇うとこんな良いことがあるよ，というようなことがアピールできるような内容になっているかな？

第8章 キャリア・カウンセリングのワーク集

WORK12　　アルバイトの面接を受けよう

1　活動のねらい
「自分を表す履歴書をつくろう」で作成した履歴書を用いて，実際にアルバイトの面接に行くロールプレイを行います。アルバイト先に電話したり，面接を受けたりする時のスキルや自分の言葉で自分を表現する力の獲得を目指します。

2　準備物
「自分を表す履歴書をつくろう」で作成した履歴書，ホワイトボード

3　活動の流れ
（1）導入
　次のように，今回のテーマとワーク内容を説明します。
　「皆さんが作成した履歴書を用いて，アルバイト採用面接のロールプレイをしてみましょう。皆さんはアルバイトを申し込む高校生役，おとなは採用面接官の役です。まずは，面接をお願いするアポイントメントの電話をかける場面をやり，それから，実際の面接の場面をやってみます。」

（2）展開1
　実際に電話をかけるときのポイントを整理します。
　「それではまず，アルバイト先に面接をお願いする電話をかけてみようと思いますが，このとき，伝えなければいけないことは何でしょうか？　ちょっと考えてみましょう」と，子どもたちから意見を募り，電話で伝えなければならないことをホワイトボードに書き出して整理します。

（3）展開2
　CCPを実施している場所に内線機能のある電話が設置されているようなら，実際に内線電話を用いて電話をかけるロールプレイをしてみましょう。内線電話がないようであれば，衝立を準備し，顔が見えないようにしてロールプレイをしても良いでしょう。子どもには先ほど整理したホワイトボードが見えるようにしておきます。

（4）展開3
　電話のロールプレイに続いて面接のロールプレイもしてみます。CCPを実施している部屋を面接室に見立てても良いでしょう。面接官役はおとなが務めますが，その際，履歴書を見

ながら雇用主として面接をします。電話のロールプレイと面接のロールプレイを子どもたちが交代で行います。その時、雇用主役のおとなの役割も交代してみると良いでしょうし、子どもたちが雇用主になっておとなが高校生役をしてみるのも良いかもしれません。

（5）結び
ロールプレイをしてみた感想をシェアリングして終了します。

4　キーポイント

　ロールプレイは導入が重要です。最初は照れたり、抵抗を示したりする子どももいますが、まずはおとなが役になりきったり、楽しんでやっていたりすると徐々に子どもたちもロールプレイに参加してくれるようになってきます。また、一連のCCPの取り組みの中で、子どもたちがこうしたロールプレイに安心して取り組めるような環境を醸成していくことも重要です。ロールプレイの中では厳しめの雇用主を演じてみたりするなど、少し遊びの要素も取り入れながら楽しんでみると良いでしょう。

第8章　キャリア・カウンセリングのワーク集

WORK13　　　　　職業調査隊

1　活動のねらい
　このワークは「興味ある職業を知ろう」のような取り組みの後に続けて行われるもので，実際に職場見学をしたり，職業体験をしたりして職業への理解を深めることに取り組みます。

2　準備物
　職業調査隊ワークシート，ワークシートを挟むバインダー，カメラ

3　活動の流れ
（1）準備
　このワークを行うにあたっては協力して頂く企業や商店の方との打ち合わせが重要です。しっかりとCCPの趣旨をご理解頂いたうえで実施しましょう。

（2）導入
　次のように今回のテーマとワーク内容を，ワークシートに基づいて説明します。
　「今日は○○（会社，商店名）にお邪魔して，インタビューをさせてもらったり，仕事を体験させてもらいましょう。出かける前にまず，ワークシートの内容を確認しましょう。」
　ワークシートにはインタビューする内容が示されています。複数の子どもで訪ねる際には，誰がインタビュアーを務めるかを事前に決めておくと良いでしょう。
　「インタビューのポイントは，『どんなことをする職業なのか』，『どうやったらなれるのか』，『この仕事のやりがい』の3つです。話を聞く中で，その仕事について自分がいいなあと思ったところ，逆に大変そうだなあと思ったところも，よくメモをとっておいてください。それからカメラを渡します。戻ってきたら写真を印刷して，ワークシートの右側のページに貼り付けて，説明を書き加えますので，仕事の様子がよくわかるような写真を撮っておいてください。今日はこのワークシートを完成させるところまでの作業がCCPです」と説明を加えます。

（3）展開1
　会社や商店を訪ね，ワークシートに従ってインタビューをします。必要なことは直接，ワークシートにメモをとります。インタビュー終了後，実際の仕事を体験していきます。

（4）展開2
　施設や支援機関に戻ったら，ワークシートの残りの部分を完成させます。撮影した写真も

印刷し，それぞれ使いたいものを選んで，はさみで切り貼りしながら説明の文章を書き加えます。また，お礼状作成のための手紙も書きます。

（5）結び
ワークシートが完成したらグループの中で紹介し合います。

4　キーポイント

　言葉で記録するだけではなく，写真を用いることでインタビューの内容や仕事の内容を説明しやすくなります。特に書くことが苦手な子どもがいる場合には，写真を活用してください。

　会社や商店で過ごす時間が1～2時間，その後，ワークシートを完成させますので，全体で3～4時間程度が必要です。また，このワークはコラム6のような地域と連携した取り組みと並行して進めてください。

　なお，可能であれば子どもたちをいくつかの班に分け，複数の会社や商店に職業探検隊を派遣してそれぞれの会社や商店についての報告をし合いましょう。その場合には，別に日程を設定して報告会を開催します。

「職業調査隊」ワークシート

あなたの名前：	
調べた職業：	会社の名前：
話を聞いた人の名前：	調査した日：　　年　　月　　日

≪インタビューをしてみよう≫

どんなことをする職業なのか？

どうやったらなれるのか？

この仕事のやりがい

≪自分の考えを書いてみよう≫

この仕事の「いいなぁ」と思ったところは？

この仕事の大変そうだなぁと思ったところは？

＊お仕事をしているところの写真を貼って，説明を書いてみよう。

WORK14　　ハローワークを訪ねよう

1　活動のねらい

　地域のハローワークを訪ね，ハローワークとはどういうところなのかを知り，仕事の探し方，求人票の見方について学びます。生活体験が豊かではない子どもたちにとっては，実際に足を運んでみて，どんな場所であるかを見聞きしておくことは重要です。初めての場所に一人で行くことが苦手な子どもは多いので，一度訪ねておくことで，将来，困ったときに頼れるようにします。

2　準備物

　準備物は特にありませんが，事前に地域のハローワーク担当者に連絡を入れ，見学の可否を確認し，日時のアポイントを入れておく必要があります。初めての問い合わせである場合は，まず，意図や目的を十分に説明するため，おとなが足を運んで打ち合わせをしておくことが望ましいと思われます。ハローワークのように公的な機関を利用する場合には，依頼状が必要なことも多くあります。打ち合わせ等にかかる時間を見越して，訪ねる数ヶ月前には，最初の連絡を入れ，準備を進めましょう。

　これまでのCCPの活動について説明し，そのうえで，子どもたちにどんな内容を伝えてほしいのか，時間はどれくらいが良いのか（可能であれば1～2時間程度），求人票の検索ができる端末を使わせてもらえるのか等々，できるだけ細かく話し合って，決めておきます。

3　活動の流れ

　事前の打ち合わせに従い，約束の日時にハローワークを訪問します。ここではあるハローワークを訪ねた時のスケジュールを例として示します。

①ハローワークの機能についての説明（30分）
②ハローワーク内の見学（10分）
③職業適性検査の体験（一人1台の端末を使用できることが望ましい，20分）
④求人票の検索と印刷（一人1台の端末を利用できることが望ましい，30分）
⑤質疑応答他（10分）

　地域によってハローワークの様子はかなり異なるため，同じようなプログラムをお願いできるかはわかりませんが，高卒生向けの出前講座をやっているところもありますので，まずは相談してみることが重要です。また，若者の就職に特化した支援を行っている自治体もありますので，ホームページを検索してみるのも良いと思います。

4 キーポイント

　今まで利用したことがなければ，実はおとなもハローワークについてよく知らないのではないでしょうか。職業適性検査や求人票の検索機は日々進歩していますので，ぜひ体験してみることをおすすめします。また，ハローワーク独自のプログラムや催し物等も随時開催されていますので，そういったものに参加してみるのも1つの方法です。

第III部

新たな自立支援の展開

第9章
生い立ちの整理から見たキャリア・カウンセリング・プロジェクト（CCP）

山本 智佳央

1 社会的養護における生い立ちの整理の取り組み

> 自分は，親の名前を知らない。
> 離れて暮らしている家族がいるはずだけど，今どうしているか，わからない。
> 　　　　　　　　　　　　　　　（児童養護施設入所中の中学校1年生男児）

　私は，長く児童相談所の職員として，社会的養護の子どもたちと関わっていますが，中でも，子どもの生い立ちの整理を支援する取り組みに力を入れてきました。

　上記に紹介したセリフは，今から十数年前（2005年頃）に，私がこうした取り組みを始めるきっかけになった子どもが語ったものです。諸事情により幼児期に家族と離れて暮らすことになった男児が思春期を迎えたのですが，彼の場合，自分の親の名前や家族の現状について，これまでほとんど伝えられていなかったのです。

　一般の家庭（子どもが生みの親と一緒に生活している家庭）で暮らす子どもたちの中で，「親の名前を知らない」，「自分の家族がいったい誰なのかわからない」といった状況に陥ることは極めて稀なことです。ですので，彼からそんな話を打ち明けられて，とても衝撃的だったことが，今でも私の記憶に残っています。

　ただでさえ，思春期は自意識に目覚めてアイデンティティを確立させていく時期にもかかわらず，自分の出自に関する情報が決定的に不足していれば，アイデンティティの確立に悪影響を及ぼすことは容易に想像できます。その頃の彼は，きっと強い心理的葛藤を抱えていたことでしょう。

　もちろん社会的養護において，彼のような状況が一般的というわけでは決してありませんが，こうした子どもの家族情報は生活の中で時々（意図的に）話題に上げなければ，子どもはその内容を忘れてしまう可能性が大きくなります。このような情報は，いつでも子どもが気になった時に容易に尋ねたり確認できるように，十分な配慮が必要です（例えば，伝えた内容を書面にして，子ども自身がいつでも確認できるようにしておくなどの工夫をします）。

　彼が「自分は親の名前を知らない」と語ったその当時，残念ながら社会的養護の分野においては，まだこうした支援の必要性や重要性はそれほど強くは認識されていませんでした。こうした時代背景も，彼に対する重要な情報提供が遅れてしまった一因と言えるでしょう。

第9章　生い立ちの整理から見たキャリア・カウンセリング・プロジェクト（CCP）

（1）生い立ちの整理を支援する手法－ライフストーリーワーク（LSW）について

> （自分が覚えていなかった家族からの虐待の事実を伝えて）
> 　辛い話だけど，知らないよりはマシ。
> 　　　　　　　　　　　　　　　　　　　　（児童養護施設入所中の中学校2年生男児）

　子どもが過去に起こった出来事や家族のことを理解し，それに対して湧き上がってくる様々な感情を信頼できるおとな（現在の養育者・支援者等）と一緒に整理していく作業をライフストーリーワーク（Life Story Work。以下「LSW」）と言います。

　LSWは子どもが自分自身の生い立ちを知る・受け入れるための関わりであり，「自分自身の幼い頃のことを理解することが今の自分・将来の自分を前向きに受け入れて生きていくためには最良の方法である」という理解に基づく援助理念・援助手法ということができます。社会的養護の子どもたちが抱えてしまいがちな「自分はなぜここに来たのか？」，「これから自分はどうなるのか？」といった根源的な疑問に答えたり，複雑な生活史からくる自己肯定感や自尊感情の低下を防ぐための支援策として，社会的養護の分野においてLSWへの関心が高まっています。

　ここ数年，日本ではLSWについての専門書が何冊か出版されていますので，詳しい解説はそちらに譲ることにしますが（山本ら，2015等），LSWの実施形態（生活場面型・セッション型・治療型の3タイプに加え，新たに曽田（2017）が設定型という形態を提案しています）・実施内容（子どもとの関係づくりの時間をしっかり確保する・子どもと一緒に年表やジェノグラムを作成し生活史や家族構成等を伝える・過去だけでなく現在や未来の自分についてもワークで取り扱うなど）は多様であり，子どもの状態やニーズに合わせて行なうオーダーメイドの実践ということができます。

　上記に紹介したセリフは，私たちが実践を始めてまだ間もないころ，LSWを実施した際に，子どもが語ったセリフです。虐待の事実の告知は，私たちにとっても，また彼自身にとっても辛く苦しい作業でしたが，「知らないよりマシ」と感想を述べてくれた彼に，私たち担当者が救われたのも事実です。

（2）三重県における社会的養護の子どもたちに対する生い立ちの整理の実践

　私は三重県の社会的養護をフィールドとして，LSW実践を続けてきましたが，三重県のLSWの特徴は，児童相談所（以下「児相」）による真実告知を主体とした実践だということです。

　継続的なセッションを行なう中で，子どもが生活史や家族状況を受け入れ，感情の整理を支援するのが一般的なLSWの実施形態だとするなら，「真実告知＝児相，告知後のフォロー＝施設・里親（現在の養育者）」という三重県のスタイルは少し特異かもしれません。

　表9-1は，これまでの三重県の実践において，社会的養護の子どもたちに対してどのよ

表9-1　三重県のLSW実践における告知内容

	自分自身に関すること	家族に関すること	児相＝措置権者であることの説明
出生前のこと	(・妊娠中のエピソード)	(・出身家庭の成り立ち)	
入所前のこと	・子どもの"出自"に関すること（児童記録や戸籍の記載内容を中心に） ・名前の由来 ・幼児期の様子や施設入所前の様子　等	・施設入所理由 ・入所時の家庭状況 等	・入所手続きの担当であること ・入所前の家族の様子 ・一時保護中の子ども本人の様子　等
入所中のこと	・施設生活がいつまで続くか、その見通し ・子ども自身についての障害告知（遺伝的要因・疾患等も含む）　等	・出身家庭や家族の現状 ・入所前に生活していた地域の現状 　幼稚園・保育所・学校・街並み等 （子ども本人と一緒に確認することも含む）　等	・入所中の子ども本人や家族について状況を確認する必要があること ・本人の状態によって適切な施設を判断する必要があること　等
退所後のこと	・実親の支援が期待できない場合には、施設退所後に生じる様々な社会的制約 ・自身の障害・疾患等による制約および受けられる支援　等	・家庭復帰の条件・可能性 ・家庭復帰後に生じる可能性のある困難について 等	・退所手続きの担当であること ・家族・施設・本人と退所協議をすること 等

うな真実告知を実施してきたかをまとめたものです。実践を始めた当初から、表9-1のような項目を整理して実践していたわけではなく、縦軸を時系列、横軸に告知内容の領域を当てはめてみたところ、上手くまとまりました。

　子どもたちが「知りたい・聞きたい」と希望する内容は、やはり「今、親はどこにいるのか」とか「どうして親はオレを施設に預けたのか」といった質問が中心です。入所中（現在）〜入所前（過去）の情報に関心がある、と言っても良いでしょう。

　私たちの実践では、子どもが「知りたい・聞きたい」と希望するということは、多少辛い内容であっても、受け入れる心の準備（覚悟）があると捉えて、これまで可能な限り子どもに伝え返してきました。もちろん、伝える内容や表現は、子どもを過度に傷付けないよう配慮しますが、それでも、社会的養護での生活に至る経緯や一時保護になった理由等は、辛く悲しい内容になることが多いです。こうした内容を告知する場面では、告知後の子どもをフォローしやすいように、原則、現在の養育者（施設の生活担当職員や里親）に同席してもらうことにしています。

　三重県においては、継続的なワークを実施したり、ワークの成果物としてライフストーリーブックをつくったりする実践はまだまだ少ないですが、「児相の告知を生活場面でフォローする」という役割分担の下、社会的養護の生活全体でLSWを実践している、というイメー

第9章　生い立ちの整理から見たキャリア・カウンセリング・プロジェクト（CCP）

ジです。

（3）子どもたちの将来にどうやって希望を持たせるか

> （家族と再び一緒に暮らすことは難しい状況であることを伝えた後）
> ボクはこれからどうすればいいのか？　一人暮らしはボクには無理。
> 　　　　　　　　　　　　　　　　　（児童養護施設入所中の中学校2年生男児）

　本来，LSWでは，子どもが自らの過去を受け止めて，未来に向かって前向きに歩き出せるように支援することが原則です。

　実親がポジティブに関わってくれていたエピソードを紹介したり，社会的養護の養育者（施設職員や里親）や支援者（児相や市町村の職員等）がこれまでどのように支援を提供してきたかを紹介することで，「自分はこれまでいろんな人たちに大切にされてきたんだ」と再確認することができ，子どもの気持ちがやわらぐこともあります。しかし同時に，子どもの過去の辛く悲しい情報を伝えたり，将来の生活における様々な制約を告知する場合も多く，自身の人生におけるネガティブな側面に子どもの関心が向いてしまう場合があります。

　私たちの実践でも，社会的養護の生活を始めるに至った経緯や理由について説明を受けた子どもたちは，自分を手放した家族や自らの孤独な境遇に対する怒りや悲しみの感情を示しますが，そのうち「自分はいつになったら施設を退所できるのか」，「社会的養護の生活が18歳で終了した時に，自分はどうやって生活していくのか」といった疑問や不安を訴え出すことも多いです。

　その時，私たちは，社会的養護の生活を終えた子どもでも利用可能な福祉制度を説明しますが（例えば，自立援助ホームなら20歳までは利用可能であること），同時に，現在の日本の法制度上の限界（例えば，成年になるまで自分の名前では契約行為ができないこと。なお，2018年6月13日に成立した民法改正によって，成年が18歳と引き下げられることになりました。2022年施行予定）を説明する必要も出てきます。LSWを実施した後，子どもが将来のことを考え始めた時に，LSWだけでは十分なフォローができないため，もう少し将来に関する具体的な内容を扱うような支援策の必要性を感じます。

　もちろん，親の支援が受けられない子どもたちが，一般の家庭で暮らす子どもたちと同様の社会生活が送れるような，さらなる支援制度の充実が望まれるのは言うまでもありません。

2　生い立ちの整理とCCP

（1）CCPと生い立ちの整理の関連性

　本書の編著者であり，CCPの共同開発者でもある片山由季さんからCCPのことを聞いた時，私は「これはLSWと補完的な関係にある！」と直感しました。先に述べた通り，どちらかというと過去の情報や出来事に関する感情の整理に力を入れるLSWでは，将来の生活を具

体的にイメージするところまでは至らないこともあることが推測できます。

　一方CCPは，どちらかというと未来志向型の支援内容であり，「なぜ自分は施設で生活する必要があるのか」，「オレは家族のもとに帰れるのか」といった，社会的養護の子どもたちにとっての根源的な問いについてはCCPでは答えられません。自らの出自や出身家庭の現状に対して，ある程度の納得（場合によっては諦め）が得られないため，どこか（あるいは，いつまでも）家族の支援を期待してしまい，将来の自分が歩むべき自立への道を直視できない子どもに私はこれまでたくさん出会いました。そうした心情のうちは，社会的養護の子どもがCCPに主体的に取り組むことは難しいかもしれません。

　しかし，「CCPに参加するうちに，将来の自立した自分の姿が具体的にイメージできるようになり，そこからLSWへのニーズが高まっていくような子どももいる」と片山さんは教えてくれます。「LSW→CCP」という実施順だけなく，「CCP→LSW」の順で実施した方がニーズに合う子どももいるのだとすれば，やはり両者は密接な関係にある支援手法と言えます。LSWとCCPは，過去から未来へと続く連続体としての"自分"を獲得して未来に向かって進んでいくための，自転車の前輪・後輪のような位置づけなのかもしれません。

（2）CCPへの期待
　ここまで，LSWを例に挙げながら，生い立ちの整理とCCPの密接な関係を私なりに考察してきましたが，両方の取り組みの有効な関連性を高めていくために，生い立ちの整理の立場からCCPに対する期待をいくつか述べたいと思います。CCPもLSWも特定の完成形を持たない実践です。両者が影響し合いながら，社会的養護の子どもたちの自立支援の一助になることを願っています。

① 「おとなになる」ということを楽しく学ぶプログラムの重要性
　過酷な生活史を抱えている社会的養護の子どもたちにとって，生い立ちの整理はどうしても暗く重苦しい内容を含みがちです。LSWの後で，もしくはLSWと並行して，CCPのような楽しく学ぶプログラムを用意できるのであれば，彼らの将来展望に多少は明るさをもたらしてくれるのではないでしょうか。

② 「おとな」をもっと親しみやすい存在として再認識できることの重要性
　身近なおとなに裏切られたり，養育者との別れを繰り返してきた社会的養護の子どもにとって，おとなはどこか遠い存在で，自分たちの延長線上にあるものとして認識しにくい特徴があるように，私は感じています。

　それに対してCCPのプログラムでは，様々なタイプのおとなの生活ぶりを紹介したり，施設職員自身も思春期の進路選択で迷った体験を子どもたちに披露したりすることで，おとなをもっと子どもたちに身近な存在として，さらには，自分たちとの共通点も多い存在として，

再認識できる効果があると考えます。「自分も，いつかはCCPで出会ったおとなのようになる日が来る」と自覚できた時に，自立を我が身の問題として，リアリティを持って考えることができるのではないでしょうか。

③ 「おとなになるのも悪くない」というメッセージの重要性

　家族の支援が得られにくい社会的養護の子どもたちに対して，養育者や支援者は「自立を目指すために様々な困難を乗り越える力を身に付けてほしい」と願いがちです。しかしこのことは，言外に「おとなになるのは大変なこと」というメッセージも子どもたちに伝えてしまいます。もちろん，おとなになれば楽しいことだけではなく，様々な社会的な責任が生じますが，その範囲内であれば，いろいろな選択肢を自由に選べる楽しさも，CCPのプログラムを通して学んでほしいと思います。

　※なお，本章の文中で紹介した子どものセリフやプロフィールは，子ども本人が特定されないよう，最小限の修正・加工をしてあることを申し添えておきます。

〔参考文献〕

山本智佳央・楢原真也・徳永祥子・平田修三（2015）ライフストーリーワーク入門―社会的養護への導入・展開がわかる実践ガイド．明石書店．

曽田里美（2017）児童養護施設におけるライフストーリーワーク実践の現状分析．第18回日本子ども家庭福祉学会全国大会抄録集，44-45．

第10章
キャリア・カウンセリング・プロジェクト（CCP）から見た生い立ちの整理

片山 由季

1　きっかけは寮職員の言葉

　CCPを始めて4年目になる，2016年半ば頃のことでした。毎年の実施サイクルにも慣れ，延べ人数で22名のCCP卒業者を出し，さらに15名のCCPに取り組んでいるさなかに，ふと，学童寮の副主任が言いました。

「過去にLSW（ライフストーリーワーク，生い立ちの整理）をやっていた子って，なんだかCCPへのノリがいいような気がしませんか。」

　そう言われてみると，確かに，思い浮かぶ顔がいくつもあります。何回も参加を希望しているあの子も，この子も，そう言えばみんなLSWをやっている——そして一方で，こんなことも頭をよぎりました。

「先にLSWをやっていなくても，CCPをした後，なんとなく話題が生い立ちの整理の方に流れていって，結局，LSWに突入する子も出てきているかも。」

　これまで全く別ものとして取り組んでいたCCPとLSWでしたが，実は，相互に影響を及ぼしているのかもしれない，ということに気が付いたのです。

2　先行して取り組んでいたライフストーリーワーク（LSW）

　私の施設では2010年頃から，LSWの実施に力を入れてきました。おそらく18歳まで施設で暮らすであろう子どもたちを優先に，①小学校入学前後，②小学校高学年（できれば二分の一成人式前後）～思春期前，③高校入学後の3回程度の節目を目安に，施設入所理由や現在の家族状況，施設生活の見通し等を伝える機会を持つように心がけています。子どもによって回数やタイミング，伝える内容のレベルは様々ですが，児童相談所と綿密な打ち合わせを行いながら，できる限り書面に残して子どもに渡すようにしています。

　施設児童に対するLSWの実施の詳細については，第9章で山本さんが説明してくださっているのでここでは割愛しますが，子どもたちにとって施設での生活が安定しない理由の1つに，自分の生い立ちや施設に入った経緯についてよく知らない，ということが挙げられると思います。私が施設で働き出した頃は，まさにそれがきっかけで思春期に大荒れする子どもたちが何人もいました。なぜ施設にいなければならないのか，自分の親はどこにいるのか，あるいは，親に会えるのに家に帰れないのはなぜなのか，いつまで施設で我慢しなければな

らないのか…。自分の境遇に対するやり場のない怒りや，家族について「知りたい」，「知りたくない」という葛藤，そして将来の見通しが描けない絶望感等が綯い交ぜになって，思春期の揺れとともに噴き出している印象を受けました。

　これでは落ち着いた生活どころではありません。自分のアイデンティティの基盤となるはずの基本的な情報が欠落した状態では，中学・高校の多感な時期に，とても未来のことなど考えられるはずもありません。にもかかわらず，この時期に施設で不適応を起こして学校生活が滞ってしまった子どもたちは，結果として，施設で暮らし続けることが難しくなり，早すぎる自立をせざるを得ない状況に追い込まれてしまうのです。なんという矛盾でしょうか。

　そこで2010年当時，小学校高学年だった代を皮切りに，それ以降の世代には積極的にLSWを実施する方向に施設全体で舵を切ることになりました。以来，毎年コンスタントにLSWに取り組み，2016年のCCP第4期生の頃には，在籍児童の6割近くが1回はLSWを経験した状態になっていました。したがって，CCP参加者である中学生・高校生の半数程度は，小～中学校時代にすでにLSWを経験している子どもたちだったのです。

3　LSWとCCPの実施例

　実際にLSWとCCPを経験した子どもたちの例から，これらの効果を説明していきます。なお，事例は個人が特定されないように一部を改変しています。

（1）LSWを経験してからCCPに取り組んだ例

　ここでは，小学生時代にLSWに取り組み，中学生になってCCPに参加した女子（Pさん）の例を挙げたいと思います。

　乳児院から施設に入所しているPさんの両親は，離婚しています。親権を持っていない方の親は，Pさんが2歳になる前に家を出て以来，行方が知れません。親族だけでは養育しきれなかったため，交流を持ちながらも，Pさんは施設で育ちました。そうして小学生の高学年になった時，Pさんは施設の担当職員に「自分の親はどこにいるんだろう？」という話をするようになりました。

　そこで，児童相談所と何度も協議し，Pさんの親族の了解を得ながら，半年かけてLSWを実施しました。産まれた病院，一時期過ごした家，住んでいた街を訪ね歩いたり，児童相談所での初回相談時の保護者の様子を教えてもらったり，育った乳児院の職員に会いに行くなどして，Pさんは自分のルーツをたどっていきました。最終的に，彼女が最も知りたかった親の居場所はわからなかったのですが，半年間の取り組みの後，Pさんは「（LSWをやって）自分のためになった」，「お世話になった人への感謝を忘れない」とコメントしました。また，LSWの中で作成した人生年表では，未来の予定として「○○高校に入学する」ところまでしっかり書き込んでくれました。

　中学生になり，PさんはCCPに参加しました。学校生活ではやや不安定さはあったものの，

CCPの取り組みには毎回意欲的で，「将来のことを考えるの，楽しくなっちゃった！」と笑顔で話していました。興味のある職業ではものづくりに関心を示し，資格がたくさん取れる高校に進学したいと希望するようになりました。また，後半でやった人生設計では「LSWでつくった年表の続きだね」と，高校卒業後の人生プランを1年刻みで書き込み，「好きになった異性と何年か交際してから，結婚して子どもを持ちたい。早く自分の家庭を持ちたい」と夢を語ってくれました。

　このような例からもわかるように，LSWを経てCCPに臨んだ子どもたちは，自分の過去や背景等を知り，ある程度拠って立つ地面が固まっているせいか，具体的な未来を考えることについて，積極的であるような印象を受けました。それは例えば，「家には帰れない／帰らないから，私は学園から自立でしょ」，「（自分の場合は）ま，一人暮らしだよね。家族と暮らすのは無理だし」という類の発言がごく自然に出てくる，といった形で表れたため，職員側も余計な気遣いを挟む必要なく，本質的な話題にスパッと切り込みやすかったのではないかと思います。"過去のことはわかっている。だからそれを前提に，これからのことを考えよう"というのが，LSW経験者である子どもたちの基本姿勢になっていたのではないかとも感じています。

（2）CCPを経験してからLSWに取り組んだ例

　次に，中学生時代にCCPを経験した後，高校生になってからLSWに取り組んだ男子（Qさん）の例を挙げます。

　小学校高学年で施設に入所したQさんは，親からひどいネグレクトを受けていたこともあり，施設内ではいっさい，過去の話をしないまま中学生になりました。CCPには最初，"なんとなく"参加した感じではありましたが，いざプログラムが始まると，おとなの意外な話（「おとなはどうやっておとなになったのか」）を聞いてびっくり仰天したり，自分の職業適性検査や性格検査の結果をもらって強い関心を持ったりと，徐々に前向きに活動に参加していく様子がみられました。またQさんは毎回，自分なりに気付いたことをコメント欄に丁寧に書き込んでくれ，最終回には「今まで参加してよかった」と書いていました。

　そしてCCPが終了して数年後，高校生になったQさんは，あるきっかけから，過去に親から受けた虐待について少しずつ語るようになりました。そして，高卒後の進路を考える作業と並行しながら，かつて虐待を受けていたことに対する思いを，自分の口から虐待者である親に伝えたいと希望するようになったのです。このことについては，児童相談所と施設と本人とで何度も話し合いを重ね，最終的には，本人の望む形で実施することができました。かなりの時間と準備が必要でしたが，この作業を通して，Qさんはこれまでの記憶を時系列で整理し，言葉で表現することで自分の過去の一部を消化していったのではないかと感じています。

　以上のように，CCPを経てその後，LSWに進んでいった子どもについて他にも思い返し

第10章　キャリア・カウンセリング・プロジェクト（CCP）から見た生い立ちの整理

てみると，CCP以降，日常生活の中で将来のこと・未来のことについて話題に上がることが増えていた気がします。そしてそれに伴い，「前の生活では○○だった」，「家にいた時は△△だと思っていたけど，本当はどうなんだろう」，「将来，家族との関係はどうなるの」といった話もぽろりと出てくるようになり，職員側も「だったら，これまでのことについて児童相談所に聞いてみようか」，「家族とのこれからのことを，児相に相談してみない？」と返しやすくなって，ごく自然な形で，生い立ちを整理する方向へと話が進んでいったのではないかと思います。

4　未来の生き方を考えることは，過去の生き方を振り返ること

第9章で山本さんがまとめてくださった「生い立ちの整理から見たCCPへの期待」には，以下の3点が挙げられています。

（ⅰ）「おとなになる」ということを楽しく学ぶプログラムの重要性
（ⅱ）「おとな」をもっと親しみやすい存在として再認識できることの重要性
（ⅲ）「おとなになるのも悪くない」というメッセージの重要性

上記3（1）のPさんの事例は，まさにこの3点をCCPによって強化されていった例と考えられます。Pさんは辛い過去について知る過程の中で，しかし，たくさんのおとなに愛され，支えられ，世話をされていた事実も知り，「LSWをやって良かった」と言ってくれました。そしてその後，CCPに参加することで，「おとなになる」ことを楽しみにする，そんな姿勢を身に付けていってくれた印象を受けます。

一方，上記3（2）のQさんの事例は，それとは逆方向の流れをたどっていったのではないかと思います。Qさんはまず，「おとなになる」ことの楽しさ・「おとな」への親しみやすさといったプラスのメッセージをCCPから受け，次第にそれに感化されていったと考えられます。その体験が本人の中で形を得るまでには少し時間がかかりましたが，しかし，高校生になり自分の進路を考える時期になってようやく，過去を振り返って手を伸ばしてみる勇気が湧いてきた，というように受けとめられます。

このように改めてLSWとCCPの関係を振り返ってみると，この2つの取り組みは子どもたちにとって，「過去から未来へと続く連続体としての自分」を獲得するための手助けになっているのではないか，ということが考えられます。CCPではほぼ毎年，終わりの方の回で「人生設計」という取り組みをします。現在の自分から，天国に行くまでの人生プランを年表に書き出すというものですが，これは，LSWを経験し，過去について整理をした子どもにとっては，"自分の人生の過去・現在を未来に向けてつなげる"という意味合いを持つ時間になっているのではないか，と最近では感じています。一方，LSWをまだ経験していない子どもにとって「人生設計」を行うことはワクワクする楽しみを伴う作業ですが，その反面，

"年表以前"のことを意識させるきっかけにもなります。1年間のCCPを通して，現在から未来への予想図をあれやこれやと楽しく考える経験をしてきた子どもたちは，ふと，「ここらでちょっと過去を振り返ってみようかな…」という思いが湧いてくるのかもしれません。CCPの根底に流れているのが「自分の人生を主体的に生きよう」，「楽しんでおとなになろう」という強いメッセージのため，CCPという取り組み自体が，エンパワメント的な効果を生んでいるのではないか，とも思うのです。

「どんな仕事をしたいのか」，「何を大切にして生きていきたいのか」，「どこに住んで，どんな暮らしをしたいのか」ということを突き詰めて考えていくと，当然のことながら，比較の対象として浮かんでくるのは「今までの暮らしはどうだったのか」ということです。その中で，「施設での生活」はもちろんのこと，「施設に来る以前の生活」が想起されるのは，いわば必然の流れです。LSWをやった子どもは，ここで過去のことをもう一度，受け止め直すのかもしれません。LSWをやっていない子どもは，将来や進路といった"前向き"な話題の中でなら安心して，「未来を考えるうえでは，昔のこともちょっと把握しておく・整理しておく必要があるかな」と，未来志向的な色彩で，過去について扱うことができる気持ちを育むことができるのかもしれません。

5　過去から未来へと続く連続体としての自分

生い立ちに難しさを抱える子どもたちにとって，LSWが過去を丁寧に扱う作業であるとするなら，CCPは，その過去を未来につなげて展開させる取り組みである，と今は考えています。当初はそれぞれ独立した取り組みとして開始したLSWとCCPでしたが，年月を重ね，子どもたちの様子を見ていく中で，この2つは連続し，かつ相互作用的な役割を果たしていることを実感するようになりました。

施設や里親家庭で暮らす子どもたちの人生史は，多くの場合，バラバラに分断されています。慣れ親しんだ家庭からある日突然，一時保護所に連れて行かれ，ようやく慣れた頃にまた，新しい施設や家庭で暮らすことになります。元の家とは全く違う場所での生活に慣れ，新しい人間関係もつくっていかなければなりません。なぜ一時保護されることになったのか，元の家族がどうなったのか，そのことを知らなければ，子どもたちは自分の身に起こった分断の出来事を，自分の身に起こった「歴史」として，上手くつなぎ合わせることはできないでしょう。それぞれのエピソードはパズルのピースのようにバラバラのまま，記憶としては残っているけれど，方向性やまとまりを持たないまま浮遊することになります。

LSWは，そのパズルにフレームを与え，ピースを集めて順番に並び替えた後，あるべき場所に収めていくという作業です。それに対してCCPは，そのパズルの上にその子ども独自の絵柄を描く，そんな作業なのかもしれません。先に絵柄を生み出そうとする子は，足りないピースや置き場所のわからないピースを何とかしようとするのかもしれません。あるいは，ピースが先に揃いつつある子どもは，ここにどんな絵柄を描こうか，ということをまず考え

るのかもしれません。
　いずれにせよ重要なのは，そのどちらもが「バラバラの状態から，1つのものにつながっていく」ことを志向している，ということです。すなわち，生い立ちに難しさを抱えた子どもたちが，過去から未来へと続く連続体としての自分を回復しようとしている，ということだと思います。第5章で触れた，子どもたちの抱く「深い方向喪失感」を満たすためにCCPという取り組みが有効なのではと考え，これまで続けてきましたが，現在はそこに，LSWという要素も絡めて考えていく必要性を感じています。そして両者を混じり合わせていくプロセスの中で，子どもたちが自分の人生に対する主体性を取り戻すというところまでたどり着ければいいな，というのが，今の私の願いです。

● あとがき

　本書で紹介したキャリア・カウンセリング・プロジェクト（CCP）は，平成24年度の三菱財団社会福祉研究助成を受けて開発されました。また，関連する基礎的な研究はJSPS科研費JP15K21044，JP18K02059の助成を受けて行われてきました。

　近年，児童養護施設や里親家庭等で暮らす社会的養護を要する子どもたちや貧困家庭の子どもたちの進学や就労等，自立の困難さに関心が向けられるようになり，少しずつ経済的支援のための制度や，リービングケアやアフターケアを行う支援機関等の体制が整備されるようになってきました。そうした外的な資源が拡充していくことはとても大切なことですが，それだけでは十分ではないと考えています。そこに欠けているのは，子どもの内的な資源をいかにして育むかという視点です。

　本書は，児童虐待等，生い立ちに様々な困難を抱える子どもたちへの支援において，過去や現在の問題だけではなく，子どもたち自身の力や可能性，レジリエンスに基づいた支援を進めていくための1つの視点を提供するものです。従来，特に虐待を経験してきた子どもに対する支援では，トラウマやアタッチメント等，過去や現在の問題に治療的な関心を向けるものが中心でした。そうしたアプローチが重要であることに疑いの余地はありませんが，本書ではそこに新たに将来展望やキャリア形成という未来志向的な視点と，子どもの内的な資源を活性化していく視点を新たに提案することを目指しました。

　生い立ちに困難を抱える子どもの支援に従事する支援者（里親，ケアワーカー，ソーシャルワーカー，心理職等）には，子どもたちが教育や職業に就くための訓練を受けたり，将来の生活を主体的に創造したりすることができるような将来の計画を立てることについて一緒に取り組み，支援することが期待されています。その時，本書の内容が少しでも役立つものであることを望んでいます。

　また，実はCCPに取り組むことには，支援者自身のキャリアについて見つめ直す機会も多く含まれています。ぜひ，気になったワークをやってみて，支援者の皆さんが自分の将来やキャリアについて見つめるきっかけとしても活用してください。

　最後になりますが，ワーキンググループのメンバーとして一緒にこの取り組みを進めてきてくださった施設職員，里親家庭，里親支援機関の皆様，一緒に楽しく将来について語り合い，いろんな意見をくれた子どもたちがいなければ，こうしてこの本が形になることはありませんでした。感謝いたします。

　慣れない書籍の執筆にもかかわらず，丁寧に完成まで伴走してくださった岩崎学術出版編集部の長谷川純様，小林朋恵様にも御礼を申し上げます。

著者を代表して　井出　智博

● 編著者紹介

井出　智博（いで　ともひろ）

静岡大学　教育学部　准教授

　2007年九州産業大学大学院国際文化研究科臨床心理学領域（博士後期課程）単位取得満期退学。乳児院，児童養護施設，情緒障害児短期治療施設セラピスト，スクールカウンセラー等を経て現職。社会的養護を要する子どもの心理的なケア，特に近年はレジリエンスや時間的展望の視点から子どもの暮らしと育ちを支えることに関心を持っている。臨床心理士。博士（文学）。

○主著

　『研究と臨床の関係性─臨床に基づいたエビデンスを求めて』創元社（編著），『社会的養護における生活臨床と心理臨床』福村出版（分担執筆），『児童養護施設で暮らす子どものレジリエンスの特徴』福祉心理学研究（2018），『社会的養護における青年の職業的自立サポートに関する研究』子どもの虐待とネグレクト，16(2), 203-212（共著；2014），『児童養護施設中学生の時間的展望と自尊感情』静岡大学教育学部研究紀要（2014）

片山　由季（かたやま　ゆき）

児童養護施設　春光学園　臨床心理士

　1998年学習院大学文学部哲学科美学美術史系卒業。

　2004年京都文教大学大学院臨床心理学研究科博士前期課程修了・修士（臨床心理学）。臨床心理士。子ども支援センター，児童家庭支援センター，児童相談所児童心理司等を経て現職。虐待を受けた子どもたちの心のケアをはじめとし，近年は施設で暮らす子どもの生い立ちの整理（ライフストーリーワーク，LSW），自立支援，個別学習支援，性教育等に力を入れている。

○主著

　『児童養護施設で人生史を扱う実践の可能性：親への支援と，子どもの未来への支援（特集　人生史と虐待）』子どもの虐待とネグレクト，18(3), 311-317，『ユング派の学校カウンセリング─癒しをもたらす作文指導─』昭和堂（共訳；2007）

● 著者紹介（執筆順）

森岡　真樹（もりおか　まさき）

　児童家庭支援センターはるかぜ心理相談員。2006年静岡大学大学院人文社会科学研究科臨床人間科学専攻修士課程修了。修士（臨床人間科学）。臨床心理士。社会的養護の子どもの心理的ケアや地域家庭への支援に従事。

山本　智佳央（やまもと　ちかお）

　三重県職員。1992年に入庁後，県内の児童相談所を中心に勤務。2016年から北勢児童相談所。編著に「ライフストーリーワーク入門」（明石書店）。

● **コラム執筆者紹介**（五十音順）

秋本　公志（あきもと　こうじ）
　1957年静岡県生まれ。静岡県立中央特別支援学校教諭。元静岡大学教育学部附属教育実践総合センター准教授。静岡県教育研究集会組織外共同研究者(2007~2010)。日本特殊教育学会、日本LD学会会員，日本育療学会，福祉心理学会。

＊片山　由季（かたやま　ゆき）──編著者

川口　正義（かわぐち　まさよし）
　認定社会福祉士。独立型社会福祉士事務所子どもと家族の相談室　寺子屋お～ぷん・どあ共同代表。一般社団法人てのひら代表理事。静岡市教育委員会SSWr＆SVr。静岡県立静岡中央高校SSWr。東北福祉大学兼任講師。

高井　篤（たかい　あつし）
　日本福祉大学社会福祉学部卒業。児童養護施設，知的障害児施設等を経て、現在，障害児・者総合サポートセンター「みつばち」に勤務。社会福祉士。里親（静岡県里親連合会会員）。

永岡　鉄平（ながおか　てっぺい）
　1981年横浜市生まれ。株式会社フェアスタート代表取締役。NPO法人フェアスタートサポート代表理事。民間企業で企業の採用支援，若者の就職支援に従事したのち，2010年に起業。社会的養護の若者達の就労支援事業を行っている。

メアス　博子（めあす　ひろこ）
　カンボジアローカルNGO「スナーダイ・クマエ」代表。1997年甲南大学経営学部卒業。児童養護施設「スナーダイ・クマエ」に関わりカンボジア在住19年。2018年現在22名の子どもたちと現地で暮らす。

＊森岡　真樹（もりおか　まさき）──著者

八木　孝憲（やぎ　たかのり）
　1974年和歌山県生まれ。慶應義塾大学大学院社会学研究科後期博士課程単位取得退学。現在，福島学院大学福祉学部こども学科専任講師。スクールカウンセラー，児童養護施設心理士，被災地緊急支援カウンセラーを経て現職。

子どもの未来を育む自立支援
生い立ちに困難を抱える子どもを支える
キャリア・カウンセリング・プロジェクト
ISBN978-4-7533-1145-3

編著者

井出 智博

片山 由季

2018年11月9日　初版第1刷発行

印刷　広研印刷（株）／製本　（株）若林製本工場

発行所　（株）岩崎学術出版社　〒101-0062　東京都千代田区神田駿河台3-6-1
発行者　杉田 啓三
電話03（5577）6817　FAX03（5577）6837
©2018　岩崎学術出版社
乱丁・落丁はおとりかえいたします　検印省略

児童福祉施設の心理ケア
——力動精神医学からみた子どもの心

生地 新 著

今，私たちは，再び子どもの貧困や不適切な養育に向き合うことになった。本書は児童福祉の現場に近いところで仕事をしてきた児童精神科医として子どもたちの心の問題に取り組みながら，著者が学んだこと，考えたこと，気づいたことを，特にこれからこの分野の仕事に入ろうとする精神科医，臨床心理士，福祉職の方々に向けて書いた本である。現場で苦闘を続けている援助者の方々に。

本体 2800円

乳幼児精神保健の基礎と実践
——アセスメントと支援のためのガイドブック

青木 豊，松本英夫 編著

近年，「乳幼児精神保健」の意義が高まっている。発達障害や乳幼児虐待への評価と介入，育児不安へのアプローチ，代理養育等，多くの重要な乳幼児精神保健の課題がある。本書はそうした課題を理解し，発達を支えるためのテキストブックであり，乳幼児をケアする仕事に携わるすべての方々の手引きとなる1冊である。

本体 3800円

「社会による子育て」実践ハンドブック
——教育・福祉・地域で支える子どもの育ち

森 茂起 編著

家庭や地域社会の子どもを育てる力が弱くなりつつある昨今，厳しい成育環境に生きる子どもたちをいかに支えるかは深刻な課題である。本書は，子どもへの支援を「社会による子育て」という枠組みで捉え，課題を共有しながら連携していくために専門職に求められる基本的視点を整理し，実践に活用する方策を示したものである。

本体 2700円

この本体価格に消費税が加算されます。定価は変わることがあります。

発達障害支援のコツ

広瀬宏之 著

20年にわたり発達障害支援の現場で子どもとその家族に関わってきた著者が，その体験から学んだ「知恵・技術・心得」を惜しげもなく披露する。発達障害に限らず，あらゆる支援・援助の現場で日々苦闘する人に「今日・明日から役立つ」助言が満載の本。

本体 2000円

発達障害の薬物療法
——ASD，ADHD，複雑性PTSDへの少量処方

杉山登志郎 著

発達障害やトラウマをめぐる理解と診断が混乱をしているために起こってしまう誤診。そこから生じてしまう多剤・大量処方。こうした現状を改新すべく臨床というフィールドワークにおける試行錯誤から得た経験の集大成となるエキスパート・オピニオン。

本体 2400円

不登校の認知行動療法——セラピストマニュアル

C.A.カーニー，A.M.アルバーノ 著／佐藤容子，佐藤 寛 監訳

多様な不登校事例を理解し具体的に介入する。不登校行動がなぜ続いているのかという観点からアセスメントが実施され，「不登校行動の機能」に基づいた分類が行われ，不登校事例に対して臨床家が選択すべき技法についての示唆を具体的に得ることができる。エビデンスに基づくマニュアルの決定版。

本体 3500円

不登校の認知行動療法——保護者向けワークブック

C.A.カーニー，A.M.アルバーノ 著／佐藤容子，佐藤 寛 監訳

不登校行動とは何か，自分たちの置かれている現状をどのように理解すればよいか，あなたの子どもがつらい思いをしすぎることなく学校に戻るために親やセラピストに何ができるのか。子どもの不登校行動を具体的に解決するためのワークブック。

本体 3000円

この本体価格に消費税が加算されます。定価は変わることがあります。

子どものこころが育つ心理教育授業のつくり方
——スクールカウンセラーと教師が協働する実践マニュアル

下山晴彦 監修／松丸未来，鴛渕るわ，堤 亜美 著

子どもの様々なメンタルヘルス問題に対応したワクワクする心理教育の作り方とは。スクールカウンセラーと教員が協力しながらクラスや集団における心理教育を提供する。イラストを見ながらすぐに実践できる子どものメンタルヘルスを向上させるためのグループレッスン実践書。

本体 2500円

ライブ講義 発達障害の診断と支援

内山登紀夫 著

発達障害の診療や支援を試みしてみようと考えている一般精神科医や小児科医，臨床心理士等に向けた一冊。発達障害を診断する際に必要な診断概念，心理学・発達心理学の知識，発達歴のとり方等を，現場で役立つ形で示す。正確な診断を行い，患者に合った支援に結びつけるための入門書。

本体 2500円

発達障害・被虐待児のこころの世界
——精神分析による包括的理解

M・ラスティン，M・ロード，H・ダビンスキー，A・ダビンスキー 著／
木部則雄 監訳　黒崎充勇，浅野美穂子，飯野晴子 訳

自閉スペクトラム症の子どもたちに垣間見られる著しく混乱した心的世界は，思春期に一気に表面化し，明らかな精神病として発症することもある。本書は，子どもの臨床に関わる多くの専門家が知らない，あるいは無視しているこうした心的世界を真摯に吟味することによって，精神病の世界に苛まれた子どもたちを救出した語りの結集である。

本体 6000円

この本体価格に消費税が加算されます。定価は変わることがあります。